Maria Neuberger-Schmidt

Erziehung ist (k)ein Kinderspiel

Band 1

Edition Tips

Zeichnungen: Eugen Kment
Fotonachweis: Pamela Rani Neuberger-Schmidt

In Kooperation mit dem Familienreferat des Landes OÖ.

Texte: Maria Neuberger-Schmidt, Wien
Grafik und Layout: David Jobst
Druck und Bindung: Gutenberg-Werbering Gesellschaft m.b.H., 4021 Linz
Printed in Austria
ISBN 978-3-85358-002-8

1. Aufl./2008: 1.-8. Tsd.

Liebe Leserinnen und Leser,

Endlich ist es soweit: Dank der Initiative meines Medienpartners, der Lokalzeitung „Tips“ in Oberösterreich, ist es mir nun möglich, der schon lange anhaltenden Nachfrage meiner Leser und Leserinnen nachzukommen und Ihnen hier eine Sammlung meiner Kolumnen „Erziehung ist (k)ein Kinderspiel!“ in Buchform zu präsentieren.

Diese Texte erscheinen seit Februar 1999 in diversen Regionalzeitungen Österreichs und seit Mai 2005 in „Tips“. Sie entspringen aus meiner Erfahrung mit meinen eigenen vier Kindern und zwei Stiefkindern, mittlerweile alle erwachsen, und dem Erfahrungsschatz vieler TeilnehmerInnen aus meinen Seminaren. Die vielfältigen Situationen aus dem Alltag vieler Mütter und Väter regen mich immer wieder zum Nachdenken und Schreiben an. Daher möchte ich mich an dieser Stelle vor allem auch für das geschenkte Vertrauen bedanken.

Es gibt kaum eine intensivere Art der Selbsterfahrung, als das Leben mit Kindern: Kinder vertrauen sich uns liebend an, ob wir es verdienen oder nicht. Kinder sind hilflos und abhängig. Kinder fordern uns heraus, sie halten uns den Spiegel vor, sind schonungslos ehrlich und bringen uns oft an die Grenzen unserer Leistungs- und Liebesfähigkeit. Kinder bringen Frohsinn und Spaß in unser Leben, sie halten uns am Puls der Zeit und bewahren uns davor, egoistisch und weltfremd zu werden – wenn wir bereit sind, Verantwortung zu übernehmen und uns liebevoll, offen und ehrlich mit ihnen auseinander zu setzen.

Dieses Buch mit meinem Motto „Erziehung ist (k)ein Kinderspiel!“ will Ihnen ein freundlicher und nützlicher Weggefährte sein. Es will Sie gerade dann anlachen und Ihnen Mut machen, wenn der Alltag mit Ihren Lieblingen wieder einmal an Ihren Nerven zehrt. „Was tätest du, wenn du uns nicht hättest! Dir wär doch sicher langweilig!“ meinte einmal mein Töchterlein. Auch wenn wir uns hin und wieder nach einer solchen Langeweile sehnen – seien wir froh, dass wir unsere Kinder haben! Seien wir dankbar, wenn sie gesund sind und genießen wir die Zeit mit ihnen, die rückblickend gesehen viel zu schnell vergeht.

Mein Thema ist der Erziehungsalltag mit seinen vielfältigen Facetten im Zusammenleben mit kleinen und großen Kindern. Anstrengend wird es beson-

ders dann, wenn Ihr Drei-Käse-Hoch zum fünftenmal „Ich will aber nicht!“ schreit, im Kinderzimmer ein Streit entflammt oder wenn Sie aufgrund von Uneinigkeiten zu wenig Anerkennung und Unterstützung seitens Ihres Partners oder Ihrer Partnerin bekommen.

Meine Artikel, die mittlerweile auch zum Anhören auf CD erhältlich sind, verstehen sich als Anstoß zum Nachdenken, zum Hinterfragen, als Tipps für die eine oder andere Situation und vor allem als Ermutigung, an uns selber und an unsere Kinder zu glauben, sie zu lieben und ernst zu nehmen.

Wenn Sie den hinter meinen Texten befindlichen pädagogischen Ansatz kennen lernen wollen, empfehle ich Ihnen den Besuch eines ABC-Elternführerscheins®, einer Seminarreihe zur Stärkung natürlicher Erziehungskompetenz. Dieses von mir entwickelte und geschützte Seminarkonzept, das bereits österreichweit angeboten werden kann, vermittelt kommunikative Schlüsselqualifikationen und unterstützt Sie dabei, die vielen Anregungen auf die Nützlichkeit für Sie persönlich zu prüfen und in Ihrem Erziehungsalltag umzusetzen. Nähere Informationen finden Sie im Anhang dieses Buches.

Ich wünsche Ihnen viel Freude bei der Lektüre dieses Buches und freue mich über jede Rückmeldung.

In herzlicher Verbundenheit, Ihre

Inhalt

Eure Kinder sind nicht eure Kinder.
Sie sind die Söhne und Töchter
der Sehnsucht des Lebens nach sich selbst.

Khalil Gibran: aus „Der Prophet“

Kapitel 1

Das Kind in unserer modernen Gesellschaft

Jede Zeit hat ihre eigenen Vorzüge, Stärken, aber auch Schwierigkeiten. Das gilt auch für den Bereich von Familie und Erziehung.

Wir leben in einer Zeit der Extreme: Wohl noch nie wurde Kindern so viel Aufmerksamkeit und Interesse entgegen gebracht. Gleichzeitig gibt es eine erschreckend hohe Anzahl von verwahrlosten und misshandelten Kindern.

Auch wenn Erziehung vor allem in der gelebten Beziehung zwischen Kindern und Eltern stattfindet, so dürfen wir nicht übersehen, dass jede Familie auch eingebettet ist in den gesamten gesellschaftlichen Kontext. Unsere Einstellungen und Reaktionen als Mutter oder Vater sind immer auch von den vorherrschenden gesellschaftlichen Strömungen eingefärbt und beeinflusst.

Daher beginne ich mit einer Serie von Beiträgen, welche einzelne Zusammenhänge spürbar machen sollen. Denn je mehr wir uns dessen bewusst sind, umso besser können wir verantwortungsvoll und konstruktiv darauf reagieren, anstatt uns als Opfer irgendwelcher Umstände zu fühlen.

Erziehung heute ist vielschichtig und komplex. Die gesellschaftlichen Anforderungen an „gute Eltern“ sind derart hoch, dass sich manche Mütter oder Väter als Versager fühlen und in Gefahr sind, zu resignieren. Was Kinder brauchen, sind keine perfekten Eltern, sondern solche, die ihre Aufgabe ernst nehmen und bereit sind, zu ihren eigenen Bedürfnissen, Stärken und Schwächen zu stehen. Kinder brauchen Eltern, die an sie glauben und sich an ihnen erfreuen. Und ich bin ganz sicher, dass gerade Sie die richtige Mutter oder der richtige Vater für Ihr Kind sind.

Freude, Spaß, Übermut
Oder: Gesunde Lebenseinstellung

Der Alltagsstress mit vollen Terminkalendern, Verpflichtungen, Berufs- und Schulstress ist eine immense Herausforderung. Er bereitet uns allerlei Sorgen und die tägliche Frage: Wie kriege ich das alles unter einen Hut?

Das moderne Leben hat viele Menschen zu Getriebenen gemacht – auch unserer eigenen Wünsche und Ängste. Auf der Jagd nach unseren Vorstellungen vom Glück haben wir nicht viel zu lachen. Geltungs- und Prestigedenken machen uns zu Konkurrenten: Wer ist der Schönste, Tüchtigste, Reichste? Unser Wirtschaftssystem heizt diesen Ehrgeiz an und verwandelt ihn in permanentes Wirtschaftswachstum. Der Gewinn fließt unmerklich und kontinuierlich in die Taschen immer weniger, die immer reicher werden und die Regeln diktieren. Der Preis dafür sind Leistungs- und Anpassungsdruck.

Kinder wollen leben

Kinder wollen nicht funktionieren. Sie wollen leben, entdecken, Spaß haben und lustig sein. Fröhliches, unbeschwertes Kinderlachen nervt, wird häufig als Belästigung empfunden. Die Reaktion vieler Erwachsenen lautet: „Sei endlich ruhig! Sei nicht so albern! Kannst du nicht endlich vernünftig sein?“ Solche Botschaften irritieren, machen unsicher und bockig, weil sie negative Beziehungsbotschaften beinhalten. Schnell entsteht ein Teufelskreis.

„Wo deine Freude ist, ist deine Kraft!“

Kinder leben diese Weisheit intuitiv. Wir Erwachsene müssen wieder zu ihr zurückfinden. Lassen wir uns vom Kinderlachen anstecken! Nehmen wir nicht alles tierisch ernst. Schauen wir auf die Fülle dessen, was uns Tag für Tag geschenkt wird, nicht auf das, was fehlt. Sonst leben wir im Gefühl des Mangels, auch wenn wir reich sind. Wie viele Menschen gehen mit einer unsichtbaren Maske durch das Leben, auf der Botschaften stehen wie: „Ich bin zu kurz gekommen!“, „Keiner mag mich!“, „Mir ist nichts gut genug!“, „Alle sind so gemein zu mir!“

Eine freudlose Jugend ist nur allzu oft das traurige Vorspiel zu einem freudlosen, vergrämten, menschenscheuen, ja menschenfeindlichen Alter.

Friedrich Spielbogen

Egozentrisches und ängstliches Buhlen um das große Glück

Wo steht geschrieben, dass wir Anspruch auf Schönheit, Reichtum, Gesundheit haben? Dass alle Menschen freundlich zu uns sein müssen? Wenn Sie Ihrem Lebensglück Bedingungen stellen, machen Sie sich davon abhängig. Hören wir auf, egozentrische und ängstliche Nabelschau zu halten, die anderen das vermeintliche Glück missgönnt und eifersüchtig darauf bedacht ist, nicht zu kurz zu kommen. Das macht uns missmutig, missgünstig, kleinlich. Es kommt nicht darauf an, wie viel Geld Sie auf dem Konto haben und wie viele Schicksalsschläge Ihnen widerfahren sind, sondern mit welcher Einstellung Sie durch das Leben gehen und wie Sie auf Menschen und Ereignisse in Ihrem Leben reagieren.

Dankbarkeit bringt Freude

Wenn Sie dankbar sind für das, was Sie haben, und um die Kraft bitten, Krisen und Prüfungen zu meistern und auch noch ein Herz für andere haben, dann kehrt die Fülle des Lebens in Ihr Herz ein und Sie werden froh, egal wie schwierig Ihre Lebensumstände sein mögen.

Mehr als teure Spielsachen und kluge Worte brauchen Kinder Eltern, die ihnen Zeit und Aufmerksamkeit, Liebe und Geborgenheit schenken. Kinder brauchen Erwachsene, die aus der Fülle leben, eine gesunde, positive Lebenseinstellung haben und mit ihren Kindern spielen und lachen können. Wenn wir uns von Herzen auf Kinder einlassen, kehrt die Freude auch wieder zu uns zurück.

Dafür brauchen wir keine permanente Berieselung und Ablenkung von unseren Sorgen und Nöten, auch keine oberflächliche Heiterkeit, sondern die Freude, die aus dem Herzen kommt.

Das Image des Kindes

Fast alle kennen sie: Die Werbung mit Pfiff und Ironie, z.B.: Coole Kids zeigen heutzutage die Zunge, sind frech, toben und hinterlassen Chaos. Irgendwie lustig? Dazu kommen Slogans wie „Geiz ist geil!“, tonnenweise Filme, in denen die Helden egoistisch, kaltschnäuzig, brutal und rücksichtslos sind. Sie zeigen vor, wie sich „Gewinner“ verhalten und gebärden.

Werbebotschaften prägen das Selbst- und Fremdbild

Werbung, Medien und das gesamtgesellschaftliche Umfeld haben großen Einfluss auf die kindliche Seele. Unbewusst werden solche aufgedrängten und manipulierenden Bilder und Botschaften von der Psyche (nicht nur) des Kindes übernommen und beeinflussen innere Werte und Verhaltensmuster. Sie wirken sich auf die Art und Weise aus, wie Kinder sich selber fühlen und wahrnehmen, aber auch, welche Meinung andere von ihnen haben.

Verunsicherte und gequälte Eltern

Hinzu kommt, dass verunsicherte Eltern oft Angst davor haben, als autoritär zu gelten und es verabsäumen, liebevoll, aber ernst und klar Grenzen zu setzen, Werte zu vermitteln und den ihnen gebührenden Respekt einzufordern.

Das heimliche innere Credo der sogenannten „Kuschelpädagogik“ lautet: „Alle Rechte den Kindern, alle Pflichten den Eltern.“ So entsteht folgendes Image: Kinder sind kleine, undankbare Monster mit schlechten Manieren, frech, fordernd, egoistisch, anstrengend und teuer. Dementsprechend verhalten sie sich dann auch.

Eltern solcher Kinder fühlen sich gequält, überfordert, ausgelaugt. Ihre liebevollen Gefühle mischen sich mit Ambivalenzen und es ist kein Wunder, wenn sie ihre Kinder insgeheim ablehnen und sich manchmal denken: „Warum habe ich mir das angetan?“

Kinderfeindliches Klima

Als Folge spüren wir ein kinderfeindliches Klima und viele Erwachsene sehen ihren Lebenszweck mehr darin, ein bequemes Leben zu führen, sich vom

Konsumkuchen ein möglichst großes Stück abzuschneiden und die Einstellung zu leben: „Kinder? Wozu! Ich bin doch nicht dumm!“

Durch allerlei Modetrends wird das Image des Kindes, sein Selbstbild und Fremdbild, auf dumme und verantwortungslose Weise geprägt – teils aus kommerziellen Interessen, teils aus einem falsch verstandenen Freiheitsideal.

Erziehungsauftrag statt Gleichgültigkeit

Unfair finde ich vor allem, wenn Erwachsene auf ihren Erziehungsauftrag verzichten, um sich dann, wenn sie sich überfordert fühlen, an der Jugend durch Gleichgültigkeit und Ablehnung zu rächen.

Ein kinderfeindliches Klima wird von unserer Gesellschaft allgemein, aber auch von jedem einzelnen geprägt. Möge daher jeder für sich selbst prüfen, welchen Anteil er oder sie persönlich daran hat.

Wasser gehört auf jeden Tisch Oder: Trainiertes Suchtverhalten

Die Getränkeindustrie überflutet uns mit einem unüberschaubaren Angebot an Säften, Tees, Drinks, etc. die wir angeblich brauchen, um unseren Durst zu stillen und uns gut zu fühlen. Nebenwirkungen: Tonnen von Süß- und Zusatzstoffen, Plastik- und Aluberge, steigendes nationales Übergewicht, etc. Schon das Baby wird daran gewöhnt, ständig etwas Süßes zu trinken. Auf Brust und Fläschchen folgt die Nuckelflasche – neuerdings auch für Große. Alles ist auf Dauerkonsum und Bequemlichkeit ausgerichtet. Verzicht und Maßhalten sind out. Von klein auf trainieren wir Suchtverhalten.

Wasser als Basisgetränk

Wenn Kinder durstig sind, sollte man ihnen ganz selbstverständlich Wasser anbieten. Wasser gehört auf jeden Tisch. Ein Fläschchen mit Schraubverschluss sollte jede Mutter unterwegs zum Nachfüllen bei sich haben. Auch im Restaurant lassen sich Getränke einsparen. Man muss nur selbstbewusst einen Krug Wasser für die ganze Familie verlangen.

Und die Vitamine?

Nichts ist gegen qualitativ hochwertige Obst- und Gemüsesäfte einzuwenden. Aber sie sollten nicht als Durstlöscher dienen. Viele Kinder müssen das Obst- und Gemüseessen erst wieder lernen: Apfel, Birne, Pfirsich, Karotte, etc. statt Fruchtsaft. Hier bekommen sie natürliche Vitamine und wertvolle Ballaststoffe dazu, frisch und ohne Konservierungsmittel, am besten aus biologischem Anbau.

Wasser fördert die Lern- und Merkfähigkeit! Der Körper und vor allem das Gehirn brauchen klares Wasser und ausreichend Bewegung, um voll leistungsfähig zu sein.

Übergewicht, Hyperaktivität, Suchtverhalten

Diverse Stoffwechselerkrankungen haben mit Fertiggetränken und -speisen zu tun, mit übermäßigem Zuckeranteil und künstlichen Geschmacksverstärkern. Die Zusammenhänge werden ständig weiter erforscht. Die Aufklärung kann sich allerdings gegen die Einflussnahme der Werbung kaum durchsetzen.

Pures und Wesentliches statt Ersatz

Wie kann man sich gegen den Trend der Zeit behaupten?

Geben Sie Ihren Kindern in allem das Pure und Wesentliche statt Ersatz. Wenn sie von klein an daran gewöhnt sind, bleiben ihre Geschmacksnerven unverdorben und sie ahmen das Selbstverständliche nach. Manchmal gilt es, sich gegen Zeitgeist und Gruppendruck zu behaupten. Pflegen Sie die Koch- und Esskultur als Angelegenheit der ganzen Familie! Sie haben keine Zeit? Für TV, Computer- und Videospiele allerdings schon?

Genießen und Maßhalten

Wahrer Genuss hat mit Wertschätzung und Dankbarkeit zu tun. Wer diese Tugenden kultiviert, wird ganz selbstverständlich das rechte Maß finden, ohne gleich militanter „Naturapostel“ zu werden. Ihre Kinder und unsere Umwelt werden es Ihnen danken – besonders dann, wenn Sie selber mit gutem Beispiel vorangehen.

Wie bin ich Vorbild?

„Was nützt die ganze Erziehung – sie machen einem ja doch alles nach!" Dieser Ausspruch löst oft Heiterkeit aus und macht klar, dass es in der Erziehung vor allem auf das gelebte Vorbild ankommt. Romano Guardini sagt dazu: „In erster Linie zählt, was du bist, in zweiter Linie das, was du tust und erst danach das, was du sagst."

Wie bin ich Vorbild? Auch Sie haben Fehler und Schwächen? Keine Angst, es geht um das Echtsein, nicht um das Perfektsein. Wichtig ist der Mut zur Wahrheit und Ihre Bereitschaft, an sich zu arbeiten.

Echtsein geht vor Perfektsein

Dann geht es darum, Ihrem Kind vorzuleben, was Sie ihm vermitteln möchten. Seien Sie wachsam gegenüber Ihrer eigenen Widersprüchlichkeit. Sie verlangen von Ihrem Kind, ruhig und beherrscht zu reagieren, platzen aber vor Zorn, wenn es widerspricht? Sie predigen Ehrlichkeit, finden aber nichts dabei, sich gelegentlich mit einer Notlüge zu behelfen? Ihr Kind soll schön sprechen, Sie aber fluchen „wie ein Kutscher" im Auto?

Vorbild hat Langzeitwirkung

Manche Eltern versichern: „Ich bemühe mich ehrlich, ein gutes Vorbild zu sein. Trotzdem macht mein Kind genau das Gegenteil!" Dazu möchte ich sagen: Erziehung ist vielschichtig. Jedes Kind ist anders und reagiert anders. Vielleicht gibt es Krisen im Familienleben oder Störungen von außen. Vielleicht hat Ihr Kind das Gefühl, Sie drängen ihm Ihre Vorstellungen auf und reagiert deshalb mit Opposition. Das rechte Wort zur rechten Zeit hat eine große Macht und Ihr Kind braucht klare Worte – sparsam, treffend, Worte mit Verständnis. Vor allem aber sollten sie nicht im Widerspruch zu Ihren Taten und zu Ihrem Sein stehen, sonst stiften Sie Verwirrung und Ihr Kind verliert die Achtung vor Ihnen.

Wenn Sie aber wohlwollend, ehrlich und nach bestem Wissen und Gewissen reden und handeln, dann werden Sie die Wirkung nicht verfehlen – über kurz oder lang.

Kinderrechte, Kinderpflichten

Erziehung ist so etwas wie ein Generationenvertrag. Und jeder Vertrag beinhaltet Übereinkommen über wechselseitige Rechte und Pflichten.

Riesenbabys erwarten alles und geben nichts

Die heutige Gesellschaft stellt hohe Anforderungen an Eltern. Und viele nehmen ihre Aufgabe derart ernst, dass sie es verabsäumen, auch von ihren Kindern die Übernahme von Pflichten einzufordern. Heute gibt es sehr viele „Riesenbabys", die von ihren Eltern und der Gesellschaft die Erfüllung all ihrer Bedürfnisse und Wünsche erwarten, ohne Gegenleistungen zu erbringen. Wenn Eltern um Mithilfe bitten, werden sie abgewimmelt: „DU musst dich darum kümmern! DU musst mir das kaufen! DU hast mich schließlich in die Welt gesetzt!" Es ist oft sogar schwer, Kindern klar zu machen, dass sie sich um ihre Schulaufgaben und um die Ordnung im eigenen Zimmer kümmern sollen.

Erwachsen sein heißt für viele Jugendliche „Ich tu was ich will" und nicht „Ich übernehme Verantwortung". Für mich besteht die Freiheit des Erwachsenen vor allem darin, zu wählen, welche Verantwortung er übernehmen möchte und nicht, sich ihrer zu entziehen.

Sinnlosigkeit, Langeweile und der „große Kick"

Wenn wir Kinder zu Disziplin und Pflichtbewusstsein erziehen, kommen wir zwar um Konflikte nicht herum, aber wir vermitteln, dass wir ihnen etwas zutrauen und sie ernst nehmen. Leider sind die Leistungsanforderungen der modernen Gesellschaft einseitig und würdigen nicht den ganzen Menschen. Viele Jugendliche leiden darunter, dass sie zu wenige sinnvolle Herausforderungen kennen, sich nirgends erproben können und empfinden ein Gefühl von Sinnlosigkeit und Langeweile, verbunden mit einer durchaus berechtigten Kritik an der Gesellschaft. Sie suchen den „großen Kick" anderswo: Bei Drogen, Alkohol, Bungy Jumping, Jugendbanden, Rechtsextremismus, Sekten oder in der virtuellen Welt. Wenn wir mit Heranwachsenden über Kinderrechte reden, sollten immer auch die Kinderpflichten genannt werden. Nur so entsteht ein sinnvoller Dialog zwischen den Generationen.

Lebenspraktische Fähigkeiten

Wir dürfen Kinder nicht vor Pflichten verschonen, sondern sollen sie dazu anleiten, schrittweise in die Übernahme von Pflichten hineinzuwachsen. Der gemeinsame Haushalt bietet tagtäglich viele wunderbare Gelegenheiten, sich darin zu üben und dabei Kreativität, demokratische Mitsprache, Teamfähigkeit und Selbstbewusstsein zu entfalten. Dadurch vermitteln Erwachsene das Gefühl „du bist wichtig und wertvoll" statt „du bist nutzlos und lästig".

Praktische Fähigkeiten und schulisches Wissen

Nicht nur der Erwerb von schulischem Wissen ist für unsere Kinder wichtig. Wir müssen ihnen auch lebenspraktische Fähigkeiten beibringen wie Ordnung halten, Kochen, Nähen, Basteln, Reparieren, Pflanzen und Tiere versorgen, Wäsche waschen, Besorgungen erledigen, etc. Dann bleibt vielleicht weniger Freizeit, aber das Kind lernt ein besseres Zeitmanagement, bekommt mehr Sinn für Realität und lernt auch die Arbeit der Erwachsenen besser zu schätzen. Außerdem kommt weniger Langeweile auf, die viele Kinder und Jugendliche mit stundenlangem Fernsehen und Computerspielen vertreiben.

Erziehung heißt, Kinder lebenstauglich machen

Erziehung bedeutet nicht, alles für seine Kinder zu erledigen, sondern sie zu befähigen, für sich selber und andere zu sorgen. Wenn Kinder schrittweise in Teamwork hineinwachsen, sind auch die Eltern entlastet und haben mehr Zeit für gemeinsame schöne Stunden. Tun sie es nicht, fühlen sie sich bald überfordert, ausgenützt und gereizt. Ohne es zu wollen und zu merken, nehmen sie dann eine feindselige Haltung ihren Kindern gegenüber ein und das Familienklima wird von Frustrationen geprägt.

Um Kinder zu motivieren, brauchen sie Wertschätzung, Anleitung, Ermutigung und Aufgaben, die ihrem Alter und den Umständen entsprechen. Machen Sie aus Ihrer Familie einen Ort, wo sich etwas tut, wo man einander hilft, wo gelebt und gelacht und fallweise auch gestritten wird. Auf solche Weise wachsen Kinder an den Herausforderungen, fühlen sich ernst genommen und anerkannt und lernen den Wert der Dinge kennen und schätzen.

Kompetente Eltern stellen Forderungen

Wir fördern Kinder nicht nur, indem wir unser Bestes bieten – sondern auch, indem wir angemessene Forderungen stellen, um sie in das wirkliche Leben einzuschulen. Dieser wichtige Beitrag zur Erziehung sollte nicht übersehen werden – weder im Elternhaus, noch in anderen pädagogischen Einrichtungen.

Kinder und Aggressionen

Aggression ist seit Urbeginn eine notwendige und treibende Kraft der Menschheit. Wie wir damit umgehen, entscheidet darüber, ob sie konstruktiv (Kreativität, Durchsetzungsvermögen, Kooperation) oder destruktiv (Konkurrenz, Unterdrückung, Gewalt) ausgelebt wird.

Zum guten Umgang mit Aggressionen sind positiver Selbstwert und Streitkultur Grundvoraussetzungen. Denn nur wer sich als liebenswert und wertvoll erlebt, kann andere respektieren. Kinder brauchen Zuwendung und wertschätzende Beziehungen, Vorbilder und Anleitung durch Erwachsene – in Familie, Kindergarten, und Schule. Sie brauchen Gemeinschaften und ausreichend Gelegenheit zum Erlernen sozialer und emotionaler Kompetenz.

Verantwortung von Elternhaus und Schule

In erster Linie sind Eltern für die Entfaltung des Selbstwerts und des Sozialverhaltens ihrer Kinder zuständig. Wenn sich dramatische Vorfälle im Klassenzimmer ereignen, fragt man betroffen nach den Schuldigen. Wer hat hier versagt? Eltern oder Lehrer? Keiner will die Verantwortung tragen. In Wirklichkeit sind alle Beteiligten gefordert, ihren Teil der Verantwortung zu übernehmen und die Zusammenarbeit zu suchen. Was Kinder im Elternhaus vermissen oder an Belastungen erleben, kann die Schule kaum ersetzen oder reparieren. Umgekehrt müssen Konflikte zwischen Schülern dort gelöst werden, wo sie entstehen: im Klassenzimmer, weil Eltern höchstens indirekt darauf Einfluss nehmen können. Die Schule muss sich darauf besinnen, dass ihr laut Verfassung nicht nur die Wissensvermittlung, sondern auch die Persönlichkeitsbildung der Kinder und Jugendlichen anvertraut ist. Dafür benötigen Lehrer aber auch eine entsprechende Ausbildung, Befugnisse und die nötigen Ressourcen.

Die ganze Gesellschaft ist gefordert

Daher sind auch die Politik und die ganze Gesellschaft gefordert, Verantwortung für die heranwachsende Generation zu übernehmen, sollen unsere Kinder nicht aggressive, labile, egozentrische und manipulierte Konsumenten, sondern fähige, ausgewogene und verantwortungsvolle Persönlichkeiten und Staatsbürger werden.

Das soziale Lernfeld Kindergarten und Schule ist gerade in unserer heutigen Zeit mit zahlreichen Einzelkindern und Alleinerziehenden insbesondere im isolierten Großstadtmilieu mit zunehmend virtueller statt lebendiger Erlebniswelt eine immense Herausforderung, aber auch eine Chance, all das zu lernen, was früher in Großfamilien oft Selbstverständlichkeit war.

Der Aufwand wird sich lohnen: Selbstbewusste und kooperative Kinder haben mehr Freude und bringen bessere Leistungen.

Denn wir können Kinder nach unserem Sinne nicht formen: So, wie Gott sie uns gab, muss man sie haben und lieben, sie erziehen auf's Beste und jeglichen lassen gewähren. Denn der eine hat die, die anderen andere Gaben. Jeder braucht sie, und jeder ist doch nur auf eigene Weise gut und glücklich.

J.W. Goethe

Kapitel 2

Liebe und Annahme

Dieses Thema steht für mich ganz vorne, weil das Bedürfnis nach Liebe und Annahme durch die Eltern und Bezugspersonen das Allerwichtigste für ein Kind ist. Es ist wie die Luft, die ein Mensch zum Atmen benötigt.

Wieder sind nur einige Aspekte hervorgehoben, so wie diese Texte nicht in einem Guss entstanden sind, sondern Momentaufnahmen und Gedanken widerspiegeln, die ich den Lesern meiner Kolumnen wie eine wöchentliche Wanderung durch eine bunte Blumenwiese präsentiere und meinen Blick einmal hier, einmal dorthin schweifen lasse.

Liebe und Annahme ist eine Grundhaltung, die eigentlich in allen Interaktionen zwischen Eltern und Kindern durchscheint: Es hat damit zu tun, ob wir die Wesensart unseres Kindes erkennen und respektieren, ob wir Freiräume zulassen, Gefühle und Bedürfnisse ernst nehmen und vieles mehr. Daher ist die Zuordnung zu den Kapiteln nicht immer leicht, weil in den meisten Texten gleich mehrere Themen enthalten sind, wie zum Beispiel „Entwicklung fördern“ und „Grenzen setzen“. Auch habe ich absichtlich unterschiedliche Aspekte heraus gegriffen, um die Komplexität des Themas zu illustrieren, das sich mit einigen wenigen „Kostproben“ bei weitem nicht erschöpft.

Mögen diese Texte dazu anregen, Ihr natürliches Gespür für Liebe und Annahme zu bestätigen und zu verfeinern.

So viel in dir die Liebe wächst, so viel wächst in dir die Schönheit. Denn die Liebe ist die Schönheit der Seele.

Augustinus

Kann man Kinder zu sehr lieben?

Die klare Antwort auf diese oft gestellte Frage lautet „nein". Es kann kein Zuviel geben an Zuwendung, Zärtlichkeit, Angenommensein, Sicherheit, Geborgenheit. Sie sind der Boden, auf dem die kindliche Seele sich gesund entwickeln und entfalten kann. Zur Liebe gehört aber auch Wahrheit, Echtheit und Stimmigkeit mir selber und meinem Kind gegenüber – auch in meinen Beziehungen und in meinem Handeln.

Falsch verstandene Liebe

Es kann sehr wohl falsch verstandene Liebe geben:

Liebe, die um die Gunst des Kindes buhlt, vielleicht in Konkurrenz zu anderen Bezugspersonen. Liebe, die zwangsbeglückt, manipuliert und einengt, weil sie nicht loslassen kann. Liebe, die unbewältigte Ängste widerspiegelt und das Kind überbehütet. Liebe, die sich's leicht macht, weil das Grenzen setzen mühsam ist und Bewusstheit und Konsequenz erfordert. Liebe mit Führungsschwäche, die zu wenig Halt gibt. Liebe, die alle Schwierigkeiten aus dem Weg räumt und angemessene Erfahrungen und Herausforderungen verhindert.

Liebe ohne Eigennutz

Stellen Sie sich mutig folgende Fragen:

Liebe ich mein Kind um seiner selbst willen, oder verfolge ich bewusst oder unbewusst eigene Ziele? Kann ich es annehmen wie es ist, oder habe ich festgefahrene Vorstellungen davon, wie es zu sein hat? Muss es eine Leere in meinem Leben ausfüllen? Partnerersatz oder Prestigeobjekt darstellen und meine unerfüllten Lebensträume verwirklichen? Wahre Liebe stellt das Wohl des Kindes über das eigene. Sie beruht auf Verständnis und Einfühlungsvermögen, Selbstachtung und Selbsterfahrung und lässt uns Erwachsene geduldiger und reifer werden.

„Wenn du brav bist, dann hab ich dich lieb!“

Noch immer glauben viele Eltern, dass sich dieser Satz eignet, ihr Kind zu erwünschtem Verhalten zu motivieren.

Ein Kind, das solche und ähnliche Sätze oft hört, wird glauben, dass es Liebe erst verdienen muss, durch Anpassung und besonders gute Leistungen. Aber Liebe ist immer ein Geschenk und kein Tauschgeschäft und nicht geeignet, erwünschtes Verhalten zu erkaufen oder zu erzwingen.

Liebe darf nicht an Bedingungen geknüpft werden

Eltern, die mit Liebesentzug reagieren, mit ihrem Kind nicht reden, Zärtlichkeiten verweigern, es in irgendeiner Form zurückstoßen „weil es schlimm war“, können damit ebenso tiefgreifende Verletzungen verursachen wie durch Missbrauch oder Gewalt. Meist sind die Kinder auch zu jung, um Zusammenhänge zu erkennen und können sich nicht schützen oder wehren – sind sie doch von ihren Eltern und ihrer Liebe vollkommen abhängig.

Minderwertigkeitsgefühle, Depression, Abhängigkeit

Verunsicherung und tiefe Minderwertigkeitsgefühle werden ausgelöst, die manche Kinder still in sich hineinfressen, andere wiederum in Form von Aggressionen nach außen tragen.

Verzweifeltes Ringen um Anerkennung

Für viele Kinder und junge Menschen beginnt unter solchen Bedingungen ein verzweifeltes Ringen nach Anerkennung, mit dem Gefühl, nie gut genug zu sein, was sie oft im späteren Leben in Süchte, Depressionen oder in komplizierte Abhängigkeitsverhältnisse führt.

Viel eher könnte es lauten: „Damit du brav bist, hab ich dich lieb!“ Denn nur ein geliebtes Kind kann Liebe erwidern und wird danach trachten, Ihnen von sich aus Freude zu machen.

Wenn man einen Menschen bessern will,
muss man ihn erst einmal respektieren.

Romano Guardini

„Sei anders!"

„Sei nicht so schlimm!", „Sei nicht gleich so beleidigt!", „Du bist so begriffstützig!", „Wie kannst du nur dauernd so blöd grinsen!" – all diese Bemerkungen, die meist mit „Sei nicht so…" beginnen, verunsichern Ihr Kind und lösen Minderwertigkeitsgefühle und Abwehrmechanismen aus. Sie geben ihm keine positive, motivierende Kraft.

Sie haben sich Ihr Kind ganz anders vorgestellt? Pflegeleicht, freundlich, intelligent? Womöglich sieht es aber der Schwiegermutter ähnlich, ist faul, langsam oder hyperaktiv, hat Schwierigkeiten beim Lernen und reagiert auf gut gemeinte Ratschläge bockig. Da hilft nur eins: Es so anzunehmen und zu lieben, wie es nun einmal ist. Die Botschaft, ob offen ausgesprochen oder zwischen den Zeilen vermittelt, muss immer lauten: „Ich mag dich, wie du bist, egal ob du Schwierigkeiten hast oder Schwierigkeiten machst!" Um eine positive Grundeinstellung dem guten Zweck zuliebe nicht nur vorzutäuschen (das Kind spürt das Unechte und ist dann auch noch verwirrt, wenn es etwas anderes zu fühlen als zu hören bekommt), ist eine ehrliche Auseinandersetzung mit den eigenen Erwartungen, Hoffnungen oder Enttäuschungen wichtig.

Um die Liebe der Eltern zu gewinnen, würden viele Kinder ja gerne deren Erwartungen entsprechen. Aber es ist wie verhext, es gelingt einfach nicht! Durch ihre Bemerkungen fühlen sie sich wie festgenagelt. Dann „grinsen" sie lieber, spielen „cool" oder schalten auf stur, denn es ist „eh schon egal". Dieser Vorgang passiert nicht wirklich bewusst. Es sieht aber so aus, als würde das Kind absichtlich Widerstand leisten, und viele Eltern fühlen sich provoziert und üben noch mehr Druck aus: Sie verstärken ihr gutes Zureden, ihre Mahnungen, ihren Zynismus oder gar direkte Demütigungen oder Züchtigungen.

Annahme als Voraussetzung für Veränderung

Die Lösung scheint paradox: Damit Ihr Kind sich positiv entwickeln und verändern kann, muss es sich zuerst einmal so angenommen fühlen, wie es gerade ist. Das erfordert Vertrauen und Geduld. Doch diese Haltung hat sich noch immer gelohnt. Um es gleich vorwegzunehmen: Es gibt eine Fülle von Möglichkeiten, Grenzen zu setzen, Ihr Kind zu motivieren und zu fördern – ohne unerwünschte Nebenwirkungen.

Beziehungsvolle Pflege

Folgendes Experiment können Sie am eigenen Leib ausprobieren: Machen Sie Ihre Hände nass und lassen Sie sie von Ihrem Partner oder einer anderen Person abtrocknen. Variante A: Ihr Partner verhält sich unachtsam, unkonzentriert, kein Blickkontakt, kein Lächeln, macht oberflächliche und fahrige Bewegungen, unterhält sich nebenbei mit jemand anderem, nimmt sozusagen kaum Notiz von Ihnen. Variante B: Ihr Partner erklärt Ihnen, was er jetzt vorhat, trocknet Ihre Hände sorgfältig und behutsam ab, sieht Ihnen dabei in die Augen, lächelt freundlich und gibt Ihnen zu verstehen, dass er Sie mag und dass Sie wichtig für ihn sind.

Der entscheidende Unterschied

Das subjektive Ergebnis? Variante A: Sie fühlen sich unwichtig, ungeliebt, lästig, verstört, so als wäre mit Ihnen etwas nicht in Ordnung. Vielleicht haben Sie sogar Schuldgefühle, dass Ihr Partner sich Ihretwegen die Mühe antut. Variante B: Sie fühlen sich liebenswert, wichtig, ernst genommen, einfach gut.

Einfühlsame Aufmerksamkeit

Anhand dieses Experiments können wir uns vorstellen, wie sich ein Säugling fühlen mag, wenn seine Bezugspersonen Pflegehandlungen an ihm vornehmen wie Wickeln, Füttern, Baden. Es sind die intensivsten Momente der Kontaktaufnahme in den ersten Lebensmonaten. Und sie sind entscheidend für den Aufbau des Selbstwertgefühls und des Urvertrauens. Sie müssen nicht rund um die Uhr für Ihr Baby verfügbar sein. Strukturieren Sie Ihren Tag so, dass Sie Ihren Pflichten nachkommen und sich dazwischen selbst etwas Ruhe gönnen können. Aber wenn Sie mit Ihrem Kind Kontakt aufnehmen, dann tun Sie es mit Liebe und voller Aufmerksamkeit.

Die Körpersprache versteht Ihr Baby von Anfang an

Wenn Sie vermitteln: „Ich freu mich, dass es dich gibt!“, dann leisten Sie nachweislich den wichtigsten Beitrag zu seiner gesunden Entwicklung: Es wird fröhlich, ausgewogen und offen für Neues.

Morgenspaziergang und kindliche Freiräume

„Wenn du mir jetzt nicht endlich die Hand gibst, dann hast eine!" – Bei diesen Worten, die eine Mutter zu ihrem etwa zweijährigen Kind sprach, tat mir das Herz weh. Zunächst einmal wegen der bedrohlichen Formulierung, die dem Kind Angst macht und das Selbstwertgefühl verletzt. Es war auf einer schönen, breiten Allee im Schlosspark Schönbrunn. Schade auch, dass diese Mutter eine wunderbare Gelegenheit versäumt hat, ihrem Kind freien Auslauf zu gewähren, Freiheit zu atmen, sich zu spüren, die Welt zu erobern, Nähe und Distanz spielerisch auszuloten, mit der Gewissheit, jederzeit zum schützenden Schoß der Mutter zurückkehren zu können. So werden die ersten Schritte in die Selbstständigkeit gegangen, Schritte, die das Selbstbewusstsein und die Intelligenz des Kindes stärken.

Kinder spüren, wie viel sie sich zutrauen können

Kinder haben von klein auf einen wunderbaren Instinkt dafür, zu spüren, was sie brauchen und wie viel sie sich schon zutrauen können: Ist es wagemutig, entfernt es sich, sucht es Geborgenheit, kommt es näher. Es genügt, wenn wir unsere Kinder gewähren lassen – in einem Rahmen der Sicherheit, den natürlich wir Erwachsene abstecken.

Bewegung macht froh und selbstbewusst

Wir können die Entwicklung und die Lebensfreude unserer Kinder fördern, indem wir ihnen altersgemäß so viele Freiräume wie möglich lassen, besonders in einer urbanen, wenig kindgerechten Welt, die die notwendigen Freiräume der Kinder sowieso sehr stark einschränkt. Damit schaffen wir auch eine Vertrauensbasis, denn Kinder wissen diese Haltung der Eltern zu schätzen. Kinder, die zu wenig Freiräume haben, werden gehemmt, ängstlich, unselbstständig, ungeschickt, freudlos, inaktiv, quengelig und oft auch aggressiv, weil sie ihren kindlichen Bewegungsdrang nicht auf gesunde Weise ausleben dürfen.

Freiraum und Disziplin sind kein Widerspruch

Wenn es aber wirklich nötig ist, darauf zu bestehen, dass Ihnen Ihr Kind die Hand gibt, weil Sie beispielsweise zur gefährlichen Autostraße kommen, dann empfiehlt es sich, dem Kind ruhig und bestimmt den Sachverhalt zu erklären und welche Verhaltensweise nun von ihm verlangt wird. Dann wird auch das kleine Kind die liebevolle Fürsorge und die Achtung der Eltern spüren und deren Forderung nicht als Willkür empfinden. Sie entscheiden dann, ob sie ihm noch einige Minuten Zeit geben, seinen Übermut auszuleben oder ob sofortiger Gehorsam eingefordert werden muss. Freiraum und Disziplin – beides muss es in der Erziehung geben, gewährt mit Geduld und Verständnis und vielleicht auch mit einer Portion spielerischem Humor. Diesen können wir von Kindern lernen, wenn das Leben uns schon zu ernst hat werden lassen, sodass wir vergaßen, dass wir auch einmal Kinder waren.

Nützen Sie die Freizeit bewusst dazu, Ihren Kindern so oft wie möglich Gelegenheit zum Laufen, Spielen, Toben, Experimentieren und Spaß machen zu geben!

„Ich versteh dich!"

Durch ein flüchtig dahingesagtes „Ich versteh dich" fühlt man sich manchmal eher „abgespeist" als verstanden. Wenn ich emotional aufgewühlt bin und mir meinen Ärger von der Seele reden möchte, dann kann ein vorschnelles „Ich versteh dich eh!" sehr ungelegen kommen. Es kann mir den Eindruck vermitteln, der andere will sich nicht mit meinem Problem belasten, sondern schnell das Thema wechseln. Diese Haltung charakterisiert häufig den „hilflosen Helfer", der es nicht aushält, dass ich ein Problem habe. Und gerade bei Kindern wollen Erwachsene oft durch billigen Trost Probleme schnell wegwischen.

Nur eine Floskel?

Selbst wenn ich ehrliches Interesse habe und mein Kind auch wirklich verstehen kann, fühlt es sich durch meine Rückmeldung „Ich versteh dich!" manchmal eher bevormundet als verstanden. Warum? Dieser Satz kann wie eine Floskel klingen! Ich entscheide, wann ich mich verstanden fühle! Der andere muss mich erst einmal davon überzeugen, dass er mich tatsächlich versteht und nicht nur so tut als ob. Das klingt komplizierter, als es tatsächlich ist.

Verständnis ist eine Einstellung und Haltung

Verständnis vermitteln wir vor allem durch aktives Zuhören: Ausreden lassen, Gefühle und Wünsche ansprechen, Worte wiederholen, zusammenfassen, in irgend einer Weise auf das Thema des Kindes eingehen, ohne zu kommentieren, zu belehren oder dergleichen. Zuhören ist aber mehr als eine Gesprächstechnik. Es ist vor allem eine innere Haltung. Es gelingt nur dann, wenn ich den anderen wirklich ernst nehme und versuche, die Dinge aus seiner Sicht zu sehen und zu verstehen. Wenn Eltern ihren Kindern gut zuhören, vermitteln sie auch das Gefühl: „Ich traue dir zu, mit deinen Problemen klar zu kommen." Diese versteckte Botschaft macht Kinder selbstsicher und stark. So finden sie erstaunlich schnell selber ihre Lösungen. Sollte elterliche Unterstützung aber erforderlich sein, wird Ihr Kind Ihre Meinung und Ihren Rat danach viel lieber annehmen.

Wie Verständnis im Konfliktfall wirkt

Wenn ich mich im Konfliktfall selber emotional geladen fühle, dann ist es erst recht wichtig, dass ich mich so weit zurück nehme, dass mein Kind „Dampf ablassen" und sich dadurch beruhigen kann. Wenn ich auch noch Verständnis für seinen berechtigten oder unberechtigten Ärger zeige, kann ich es in die Lage versetzen, sich nun auch meine Argumente anzuhören.

Das erfordert die Bereitschaft, über den eigenen Schatten zu springen und auch etwas Übung. Wer sich zu so einer „Zumutung" schon einmal durchgerungen hat, der hat bestimmt schon erlebt, wie aus „Zornbinkerln" und „Trotzköpfen" liebenswürdige und einsichtige Menschen werden.

WORTE beeinflussen unser Lebensgefühl
und die Meinung,
die wir über uns selbst haben.

Kapitel 3

Killersätze – Worte, die verletzen

Die nachfolgenden Beiträge mögen Ihnen vielleicht wie eine kalte Dusche erscheinen. Es gibt wohl niemanden, der in seinem oft berechtigten momentanen Ärger nicht einmal ein unfreundliches Wort gesagt hätte. Deshalb stürzt die Welt nicht ein. Kinder halten Gott sei Dank so einiges aus – vor allem dann, wenn sie hinter unserem momentanen Gefühlsausbruch eine Grundhaltung von Liebe und Fürsorge spüren und wir uns hinterher auch entschuldigen können.

Vielleicht werden Sie sich bei dem einen oder anderen Gedanken wiedererkennen, bestätigt finden oder sich an Situationen erinnern, die Sie bei anderen beobachtet haben.

Dieses Kapitel soll Ihnen dazu dienen, mit der Macht der Worte bewusster und behutsamer umzugehen und Möglichkeiten aufzeigen, wie Sie Ihren Ärger loswerden können, ohne Schaden anzurichten. Ich möchte Sie auch für die Botschaften zwischen den Zeilen sensibilisieren, die sich manchmal in scheinbar harmlosen Bemerkungen verstecken.

„Mach kein Theater! Mach kein Gesicht!“

Quengelnde und launenhafte Kinder sind eine große Herausforderung für Eltern und können den Alltag mit Kindern ganz schön anstrengend werden lassen. Nichts ist naheliegender, als hier Einhalt zu gebieten.

Auch Worte können verletzen

Es ist gut, wenn Erwachsene keine körperlichen Strafen mehr austeilen, aber auch Worte können unter Umständen messerscharf sein und seelischen Schaden anrichten. Worte und die zwischen den Zeilen liegenden Botschaften prägen die Kinderseele. Leider sind sich Eltern der Folgen ihrer Worte oft nicht bewusst – Hauptsache, man reagiert seinen Ärger ab und will nichts als seine momentane Ruhe und ein angepasstes Kind.

Wie schroffe Abfuhren kränken

Kinder leben noch viel mehr in ihren Gefühlen als wir Erwachsene. Für ihre gesunde Entwicklung ist es notwendig, dass sie diese Gefühle ausdrücken dürfen, auch die negativen. Erst dann können wir ihnen helfen, sie in sozial verträgliches Verhalten umzuwandeln. Wenn Kinder aber häufig schroff und abwertend hören: „Mach kein Theater!“, wirkt das demütigend und kränkend, denn sie hören die Botschaft: „Deine Gefühle interessieren mich nicht. Schweig, sonst erntest du Strafe oder Lie-

besentzug!“ Bei „Mach kein Gesicht!“ müssen Kinder nicht nur ihr Verhalten, sondern sogar ihre Mimik kontrollieren – wer ist denn dazu schon imstande?

Unterdrückte Gefühle wirken ins Unbewusste

Wenn Kinder häufig daran gehindert werden, ihre Gefühle auszudrücken, verlernen sie womöglich sogar, sie wahrzunehmen. Solche Blockaden gehen tief ins Unterbewusste, mit vielen negativen Begleiterscheinungen wie psychosomatischen Beschwerden, mangelndem Selbstwert und daraus resultierenden Verhaltensauffälligkeiten. Ruhige Kinder sind besonders gefährdet, denn sie „fressen alles in sich hinein“.

Nicht selten fühlen sich Erwachsene, die selber als Kind unter solchen Botschaften litten, den Emotionen ihrer Kinder gegenüber äußerst hilflos und persönlich in Frage gestellt. Statt fachkundige Hilfe in Anspruch zu nehmen, geben sie das erlittene Verhaltensmuster erst recht an ihre Nachkommen weiter. Andere Eltern wiederum sind derart beseelt, alles anders zu machen, dass sie weitgehend auf gesundes Grenzen setzen verzichten.

Verdrängungsmechanismen und Gefühlskälte

Viele Menschen mit chronisch unterdrückten Gefühlen „funktionieren“ zwar in der Gesellschaft, machen aber sich selber und ihre nächsten Angehörigen durch diverse Verdrängungsmechanismen unglücklich: Durch Gefühlskälte oder übertriebene Strenge, mangelnde Kritikfähigkeit, emotionale Unberechenbarkeit, Besserwisserei, moralisierendes und manipulierendes Verhalten etc.

Wie aber können Kinder Selbstkontrolle und gutes Sozialverhalten lernen? Durch Verständnis und Halt gebende, Grenzen setzende Liebe.

„Aus dir wird nie etwas!“

Solche und ähnliche Sätze „entrutschen“ manchen Eltern, wenn sie sich über die Ungeschicklichkeit, den Widerstand oder die Faulheit ihrer Kinder ärgern. Viele Eltern wünschen sich, dass ihre Kinder ebenso tüchtig oder noch tüchtiger werden als sie selber oder auch, dass ihnen schlechte Erfahrungen erspart bleiben. So kommt es, dass wir sie mit unseren Erwartungen überfordern und uns ärgern, wenn sie nicht in unserem Sinne reagieren. Leicht geraten Eltern dabei in die Situation zu nörgeln, abwertende Bemerkungen zu machen und Prophezeihungen wie die obige von sich zu geben.

„Aus dir wird nie etwas!“ Das Schlimme daran ist, dass durch solche Aussagen das Selbstwertgefühl Ihres Kindes stark angegriffen wird. Das Kind wird auf Versagen „festgenagelt“. Es entspricht sozusagen Ihren Erwartungen. Die Misserfolge häufen sich und es wird sich selber zunehmend als „Versager“ sehen und erleben. „Es hat ja eh keinen Sinn, sich zu bemühen, es nützt ja doch nichts!“ prägt sich bei Ihrem Sohn oder Ihrer Tochter ein.

Warum gerade das eintritt, was Sie verhindern wollen

Der Teufelskreis beginnt sich zu drehen und die Prophezeiung sich zu erfüllen. Auf diese Weise tragen Eltern dazu bei, dass oft gerade das eintritt, was sie vermeiden wollen. Denn der Glaube hat eine enorme suggestive Kraft, im Guten wie im Schlechten. Daher wäre es zum Beispiel besser, zu sagen: „Ich glaube daran, dass du es schaffst, denn du hast das Zeug dazu“, „Ich weiß, in dir steckt ein guter Kern, auch wenn es momentan Probleme gibt. Überlegen wir uns gemeinsam, was zu tun ist.“

Die wichtigste erzieherische Maßnahme für Eltern und PädagogInnen ist es, an das Gute in unseren Kindern zu glauben, ihnen Vertrauen auszusprechen, gerade dann, wenn sie schwierig sind. Ein solcher Vertrauensvorschuss hat eine immense Kraft und kann auch zu einem späteren Zeitpunkt im Leben eines Menschen immer wieder gerade die Ressourcen freilegen, die er gerade braucht, um eine Krise zu bestehen.

Positive Formulierungen, konstruktive Gespräche und angemessene Konfrontation mit der Realität helfen Ihnen und Ihrem Kind, den Teufelskreis des Misserfolgs zu durchbrechen.

„Du bist eine Jammersuse!“

Alltagsszene, im Vorbeigehen „aufgeschnappt“: „Mama, mir ist kalt!“ – „Du bist eine Jammersuse. Mein Gott, du bist wirklich kein Bub!“ Das Mädchen, etwa 5 Jahre alt, reagiert weder trotzig noch beleidigt und Mutter und Tochter steuern auf das nahe liegende Wohnhaus zu.

Eine harmlose Szene? Nicht wirklich, finde ich. Die Mutter scheint die Tendenz zu haben, unbewusst, dafür aber konsequent, dem Kind abwertende Botschaften zu senden. „Du bist eine Jammersuse“, wenn auch nicht böse gemeint, ist eindeutig. Und was bedeutet „Du bist wirklich kein Bub“ eigentlich zwischen den Zeilen? Doch etwa: „Du bist NUR ein Mädchen.“ Wie soll da dieses Kind eine selbstbewusste weibliche Identität aufbauen? Ist es nicht schade, dass es oft gerade Mütter sind, die eine natürliche Emanzipation der Töchter behindern?

Auch „harmlose“ Bemerkungen prägen das Selbstwertgefühl

Wie würden Sie sich fühlen, wenn Ihnen jemand auf die harmlose Bemerkung „Mir ist kalt“ mit „Jammersuse“ kommt? Ist es nicht ein natürliches Bedürfnis, Befindlichkeiten mitzuteilen?

Wie könnte die Mutter sonst noch darauf antworten? Ich meine, sie könnte es einfach zur Kenntnis nehmen: „Wirklich?“ Oder nachfragen: „Ist es sehr schlimm?“ Vielleicht wollte sich das Kind nur verstanden fühlen und antwortet: „Nein, bis wir zu Hause sind, halte ich es schon aus.“ Selbst wenn es weiter klagen sollte, ist es besser, Lösungen oder Trost anzubieten („Möchtest du meinen Schal haben? Wir sind bald da.“) statt Abwertungen. Denn diese bleiben in der Seele haften.

Nicht nur traumatische Ereignisse haben nachhaltige Wirkung. Auch die scheinbar harmlosen Botschaften zwischen den Zeilen, weil sie ins Unterbewusste sickern und unser Selbstbild entscheidend beeinflussen.

Wut und Killersätze

Der 3-jährige Tobias und seine Mutter beim Anziehen: Es nervt sie, wenn sie Tobias mehrmals rufen muss, bis er endlich kommt. Dann sträubt er sich noch dagegen, hantiert mit seinem Spielzeugauto und will es partout nicht aus der Hand geben.

Wenn sie so richtig mit ihm zu schimpfen anfängt, kann sie sich nicht mehr kontrollieren, auch dann nicht, wenn er schon einlenkt. Sie lässt eine Schimpftirade über ihn ergehen: „Kannst du dich nicht ordentlich benehmen? Glaubst du, mir macht es Spaß, so ein schlimmes Kind anzuziehen? Wie oft soll ich dir sagen, dass du das Spielzeugauto aus der Hand geben sollst?“ und fügt bedrohlich hinzu: „Na, wird's endlich?“

Abreagieren

Ehrlich: Wenn man so richtig „in Fahrt“ ist, geht es doch gar nicht mehr um Erziehung, sondern man hat einfach das Bedürfnis, sich abzureagieren – und macht das Ganze nur noch schlimmer. Wir verlangen Disziplin von unseren Kindern. Wie ist es mit der eigenen?

Demütigen

Wenn die Mutter weiter so schimpft, fängt Tobias laut zu weinen an. Sein Geplärre nervt sie erst recht. Sie wird noch wütender: „Jetzt hör endlich auf mit deinem Getöse! Das ist ja nicht zum Aushalten!“ Zynisch: „Was bist du für eine jämmerliche Heulmaschine. Du kannst einem wirklich das Leben ver-

Tu einem Kind Ehre an und es wird dir Ehre antun!

Aus Rhodesien

sauen!“ Demütigungen, Groll und unterdrückte Gefühle sind der beste Nährboden für Verhaltensauffälligkeiten.

Zurückstoßen

Solche Worte, egal aus welchem Anlass, sind emotionale „Killer“, die sich tief in die Kinderseele einprägen. Der Gipfel ist, wenn die Mutter das Kind auch dann noch zurückstößt, wenn es sich versöhnen will und ihm eine Abfuhr verpasst: „Jetzt willst du mir schön kommen? Geh weg! Ich brauch dich nicht!“

Hinterher hasst sich Tobias' Mutter für ihr Verhalten – aber mit Schuldgefühlen ist dem Kind nicht gedient. Meist führt es dazu, dass sie es gewähren lässt oder nachgibt, wenn es wieder etwas will. Sie möchte es ja wieder gut machen und tappt dabei in die Verwöhnungsfalle: Tobias wird zunehmend fordernd – und sie überfordert.

Für Tobias und seine Mutter gibt es Rat und Hilfe – wenn sie sie holt und einsichtig und konsequent an ihrem eigenen Verhalten arbeitet.

Zorn und Selbstbeherrschung

Will man Kinder begründeterweise tadeln, mit ihnen „schimpfen", ist Selbstbeherrschung angesagt. Wenn es Ihnen gelingt, Ihren „heiligen Zorn" in Form von Ich-Botschaften statt Beleidigungen auszudrücken, ist in zweifacher Weise gedient: Ihnen ist leichter, weil Sie sich den Frust von der Seele reden, den Ärger „ausspucken", OHNE Ihr Kind dabei zu verletzen. Gleichzeitig erlebt es Sie als echt und merkt, wie sein Verhalten auf Sie wirkt. Damit die Situation nicht kippt, müssen Eltern spüren, wann sie sich einbremsen müssen!

Wie Sie sagen, was Sie stört und was Sie wollen

Ihr Kind braucht klare Anweisungen, positiv formuliert, kurz und bündig, z.B.: „Toni, ich kann dich nicht anziehen, wenn du spielst. Du musst stillhalten und mithelfen. Leg das Auto hier her! Danach kannst du wieder damit spielen!" Ihr Kind braucht Zeit zum Reagieren. Warten Sie schweigend und beginnen Sie erst, wenn es Ihrer Bitte nachgekommen ist. Demonstrieren Sie, dass auch Sie ernst genommen werden wollen.

Verständnis schenken und um Verständnis bitten

Ihrer Bitte nachzukommen, erfordert vom Kind ganz schön viel Überwindung. Haben Sie Verständnis für seine Schwierigkeiten: „Ich weiß, Laufen und Spielen ist lustiger als Stillhalten und Anziehen. Aber wenn du mithilfst, geht es ganz schnell!" Mit einem schönen Ausblick lässt sich gut motivieren. Sie können auch Ihrerseits an das kindliche Verständnis appellieren: „Verstehst du, dass es mich nervt, wenn ich dich dreimal rufe und du dann auch noch spielst statt mitzuhelfen?"

Die „Pauke" beenden und loben

Wenn Toni der Mama treuherzig in die Augen schaut, ist es Zeit, die „Pauke" zu beenden! Kinder brauchen Anerkennung, wenn sie sich überwinden und folgen: „Was habe ich für ein braves Kind!" oder „Du bist mein lieber Toni, Mamas großer, braver Bub!" oder „Ich freue mich, dass das so gut geklappt hat!" Ihre Worte müssen „stimmig" sein, das heißt, zu Ihnen, zur Situation und zum Alter des Kindes passen.

Die Formulierung „braves Kind" mag vielen altmodisch erscheinen. Aber wenn es in Liebe auf das positive Selbstbild hinweist, dann halte ich es für wirksam und legitim.

Streng, aber nicht lieblos

Gerade dann, wenn Eltern Grenzen setzen, ist es wichtig, dass Kinder hinter der Strenge unsere Liebe spüren. Selbstbeherrschung hat ihren Preis – und lohnt mit schönem Gewinn: Ihr Kind wird Ihnen gerne folgen. So können Sie den Kreislauf von Frust und Trotz durchbrechen und das Stimmungsbarometer nach oben drehen.

Stress und Ungeduld

Mutter, ungeduldig: „Werner, räum jetzt ein!" Schon wenige Sekunden später schnaubt sie den 3-Jährigen wutentbrannt an: „Kannst du dich nicht beeilen!" und macht es selber. Sie fügt hinzu: „Was bist du für ein unfolgsames Kind! Nichts kann man von dir haben!" Es mag schon sein, dass Werner schon öfter mal gebockt hat – aber warum nur?

Stress und Feindseligkeit sind Beziehungskiller

Spüren Sie den Stress und die Feindseligkeit, die in dieser Szene liegen? Mit unausgesprochenen Botschaften wie: „Du bist unfähig! Ich halte dich nicht aus! Ich traue dir nichts zu!" Wie alle Kinder stellt sich Werner innerlich immer folgende Fragen: „Mag mich meine Mama? Ist sie böse auf mich?" Das Wohlbefinden und das Selbstwertgefühl des Kindes hängen davon ab, ob es sich diese Fragen zufriedenstellend beantworten kann. Wenn es zu einem negativen Schluss kommt, entstehen in ihm Verunsicherung, Stress, negatives Selbstbild, und es wird instinktiv den negativen Erwartungen entsprechen. Wie mag sich der Kleine fühlen, der kaum Zeit zum Reagieren findet und schon niedergemacht wird? Wahrscheinlich überfordert, ungeliebt, ungerecht behandelt. Das sind Gefühle, welche Trotz, Groll und Rachegedanken wecken – genau das Gegenteil von dem, was die Mutter erhofft. Ein Teufelskreis beginnt sich zu drehen: Weil er „schlimm" ist, schimpft sie, weil sie schimpft, wird er böse. Ist das nicht schade?

Eigenen Frust nicht an Kindern auslassen

Zweifelsohne stehen Eltern oft unter enormen Stress, verursacht durch schwierige Lebenssituationen, aber auch durch unrealistische Erwartungen und Einstellungen. Statt an sich selbst zu arbeiten, bekommen es die Kinder ab. Es ist erstaunlich, wie feindselig auch sonst liebevolle Eltern, wenn sie genervt sind, mit ihren Kindern oft reden. Kaum würden sie es wagen, einem Erwachsenen gegenüber solche Töne anzuschlagen, geschweige denn, sich selber derlei gefallen zu lassen. Kindern aber mutet man demütigende Behandlungen zu, ohne wirklich darüber nachzudenken. Oft wird sogar das Kind für das eigene Fehlverhalten verantwortlich gemacht: „Weil es so schlimm ist! Weil es mich nervt!"

Der Erwachsene achtet auf Taten, das Kind auf Liebe.

Afrikanisches Sprichwort

Verständnis und Konsequenz

Wohl ist darauf zu achten, dass Kinder elterliche Anweisungen befolgen, aber wir müssen ihnen auch eine Chance geben und günstige Voraussetzungen für ein Erfolgserlebnis schaffen. Der Auftakt sollte immer klar und freundlich sein. In unserem Fall hier war die Anweisung wohl klar, aber unfreundlich. Dann müssen wir dem Kind Zeit zum Reagieren, für Rückmeldungen oder Einwände lassen. Es liegt in unserer Verantwortung, wertschätzend nachzufragen: „Hast du mich gehört? Bist du bereit?" Bei Widerstand muss die Mutter (oder der Vater) nachfragen: „Wie lange brauchst du noch? Wir müssen uns nämlich beeilen." Darin liegt Verständnis, aber auch die Unterstreichung der Wichtigkeit meines Anliegens. Das Kind bekommt vermittelt: „Ich nehme dich ernst und akzeptiere, dass du kein ‚Knopfdruckautomat' bist. Aber meine Bitte ist wichtig und muss befolgt werden!" Die Mutter könnte Verständnis und Motivation noch verstärken: „Ich weiß, es ist nicht leicht, mitten im Spiel aufzuhören, aber..." Bei Bedarf zeigt sie Solidarität: „Komm, ich helfe dir!" Gibt es ein Problem, so wird nicht „drübergebügelt", sondern nach einer Lösung gesucht.

Folgen soll Freude machen

Die Mutter muss Führungskompetenz zeigen und sich voll darauf konzentrieren, dass Werner sie ernst nimmt und ihrer Anweisung nachkommt. Wenn es nicht danach aussieht, muss sie neben dem Kind stehen bleiben und dafür sorgen, dass es nicht etwa wegläuft oder sie ignoriert und etwas anderes tut. Sie muss ihre Autorität durchsetzen, aber nicht auf Kosten seines Selbstwertgefühls. Im Gegenteil: Sie gibt Werner Grund, sich gut zu fühlen, denn er hat sich (mit ihrer Unterstützung) überwunden und sein momentanes Bedürfnis zu spielen hintan gestellt. Dafür braucht er Anerkennung. Einfache, freundliche Worte (zum Beispiel ein schlichtes „Danke!") geben ihm ein gutes Gefühl und festigen die Vertrauensbasis. Nächstesmal wird er den Aufforderungen seiner Mutter viel eher und viel lieber nachkommen, und auch sie wird ihre Freude an ihm haben. Die in Geduld und Konsequenz investierte Zeit wird reich belohnt, weil in Hinkunft alles viel reibungsloser läuft.

Recht auf Zuwendung

Zwei Mütter unterhalten sich in der U-Bahn. Im Kinderwagen, mit dem Rücken zu den Müttern, sitzen zwei 2-jährige Kinder. Nach einer Viertelstunde fängt eines der Kinder zu weinen an. Als die Mutter nicht reagiert, verstärkt es wütend die Lautstärke. Als auch das nichts nützt, schluchzt es verzweifelt und resigniert vor sich hin.

Darf man sich einmischen?

Ein Fahrgast fragt: „Merken Sie nicht, dass Ihr Kind weint? Warum tun Sie nichts?“ Antwort: „Die weint nur aus Wut und Langeweile“ – „Wahrscheinlich braucht sie etwas Ansprache!“ – „Wissen Sie was? Das geht Sie überhaupt nichts an. Mischen Sie sich nicht ein!“

Ein Recht auf Zuwendung

Mir tut das Herz weh. Die Mutter hat wohl richtig erkannt: Wut und Langeweile. Aber ist das nicht verständlich? Hat ihr Kind kein Recht auf Zuwendung? Es kann seine Mutter nicht einmal anblicken, weil sie hinter ihm steht. Wären nicht auch Sie frustriert, wenn Sie demonstrativ und wiederholt ignoriert werden? Zuwendung und Aufmerksamkeit sind zwei grundlegende kindliche und menschliche Bedürfnisse. Wer zu wenig davon bekommt, wird unsicher, verhaltensauffällig, „gestört“.

Wärme und Freundlichkeit kosten weder Zeit noch Geld

Was wäre dabei gewesen, den Kindern von Zeit zu Zeit einen Blick und ein Lächeln zu schenken, ein Wort der Ermunterung zu sagen, kurz zu unterbrechen, um danach den Dialog mit der Freundin fortzuführen? Sich freundlich abgrenzen, wenn das Kind zu fordernd werden sollte, kann man immer noch.

Kaltschnäuzige Behandlung ist seelische Grausamkeit

So aber erfährt das Kind: „Du kannst tun was du willst, ich schau dich nicht einmal an!“ Ist das nicht grausam? Wie soll sich da ein gesundes Selbstwertgefühl entwickeln und das Gefühl, wichtig und angenommen zu sein? Solch kleine Szenen seelischer Grausamkeit können, aneinander gereiht, schwere Störungen verursachen.

Geht uns das was an? Ich denke schon. Haben Sie den Mut, Kritik wertschätzend zu äußern. Mit Maß und Ziel. Zivilcourage ist gefragt.

Ich weiß, dass du recht hast.
Aber lass mich selber draufkommen!

Kapitel 4

Entwicklung fördern

Die große Aufgabe von Eltern und PädagogInnen ist es, Kinder in ihrer Entwicklung zu fördern. Wir wünschen uns, dass sie ihre Talente voll entfalten, Ängste und Schwierigkeiten überwinden, glücklich und erfolgreich werden.

In den nachfolgenden Beiträgen möchte ich aufzeigen, welches Entwicklungspotenzial in scheinbar banalen Alltagssituationen steckt und wie Sie diese entwicklungsfördernd begleiten können. Es ist davon die Rede, wie Sie Kindern helfen, Mut, Einsicht, Selbstvertrauen und Zuversicht zu entfalten.

Allzu leicht hat man bei kleinen Pannen schnellen Trost bei der Hand oder wir sind eifrig bedacht, Schwierigkeiten aus dem Weg zu räumen oder Probleme für unsere Kinder zu lösen – ohne zu bedenken, dass sie gerade daran lernen und reifen können.

Wir werden immer wieder staunen, wie einsichtig und kompetent Kinder sein können, wenn wir einige Grundregeln beachten, denn: Helfen will gelernt sein!

„Bleib nicht dauernd stehen!"

Ein kleiner Bub schlendert gemütlich dahin. Er entdeckt so manches zum Betrachten und Verweilen, untersucht ein Mauereck, hebt einen Stein auf, spielt Fußball mit einer weggeworfenen Limonadendose. Unglaublich, was Kinder auf einem ganz gewöhnlichen Weg unterwegs zum Supermarkt alles entdecken können. Die Mutter, vor ihm hergehend, mahnt ihn fortlaufend: „Andreas, bleib doch nicht dauernd stehen!", „Musst du schon wieder den Müll aufheben?", „Beeil dich endlich!", „Wie lange soll ich noch warten?", „Andreaaas!" Das Kind kommt ihren Aufforderungen nur schleppend nach, widerwillig, einmal versteckt es sich sogar trotzig im Hauseck. Ein schlimmes Kind? Was kann da helfen?

Haben Sie Verständnis für kindliche Entwicklungsbedürfnisse

Zunächst ist es wichtig, dass Eltern Verständnis für die Entwicklungsphasen und Bedürfnisse ihrer Kinder haben. Der alltägliche Weg zum Geschäft, in den Kindergarten, etc. ist für Ihr Kind eine wahre Entdeckungsreise – lustvoll, spannend und anregend. Sie sollten auf solch normale und entwicklungsfördernde Bedürfnisse Ihres Kindes nicht mit genervten Botschaften reagieren, wie beispielsweise diese Mutter.

Oft ist Eltern nicht bewusst, wie sehr sie ihren Kindern durch den Tonfall und die Häufigkeit ihrer kritischen Äußerungen tatsächlich Schaden zufügen und die Beziehung schädigen. Denn diese Negativ-Äußerungen, die häufig wie saurer

Regen hernieder prasseln, beeinträchtigen das Selbstwertgefühl und die Motivation des Kindes und begünstigen Trotzreaktionen. Daher ist es wichtig und notwendig, Kindern für die nötigen Alltagserledigungen einen ihnen entsprechenden Spielraum einzuräumen, der den Rhythmus und die Bedürfnisse des Kindes berücksichtigt.

Was können Sie tun, wenn dafür aber nicht ausreichend Zeit ist?

Immer auf die Bedürfnisse des Kindes Rücksicht zu nehmen, wird, realistisch gesehen, nicht möglich sein. Das ist auch nicht schlimm, denn das Kind soll durchaus erleben, dass sich seine Wünsche nicht immer mit den Bedürfnissen und Zeitvorgaben der Eltern decken. Wichtig ist nur, dass Sie Grenzen setzen, ohne zu verletzen. Das wird gelingen, wenn Sie ihm das Gefühl geben, dass es ernst genommen wird und dass Erwachsene Verständnis statt Missachtung für seine Bedürfnisse haben: „Ich kann mir vorstellen, wie lustig es ist, mit der Dose Fußball zu spielen!" Sie sollten auch den Grund für Ihre Eile nennen: „Aber das Geschäft sperrt bald zu" „Die Omi wartet zu Hause", etc. Wenn Sie dem Kind die Hand geben, ihm beim Marschieren eine spannende Geschichte erzählen, vielleicht sogar ein Spiel anregen: „Komm jetzt laufen wir ein bisschen", „Mal sehen, wer zuerst bei der nächsten Laterne ist...", wird es positiv motiviert, zu kooperieren.

Sinnvoll ist es auch, wenn Sie sich schon vor dem Weggehen mit dem Kind ausmachen, ob es heute Zeit zum Bummeln und Entdecken gibt, oder nicht. Dann hat es sich innerlich auf die Notwendigkeit zügigen Marschierens eingestellt und es wird schneller reagieren, wenn es unterwegs daran erinnert wird.

Wenn Ihr Kind Verständnis und Führung spürt, wird es sich Ihren Anliegen gegenüber kooperativ verhalten und einen Sinn für Disziplin entwickeln – gerade weil Sie ihm die nötigen Freiräume einräumen.

Die Qual der Wahl

Carla, 4 Jahre, hat ein eigenwilliges Köpfchen. Insbesondere will sie selber bestimmen, welches Gewand sie anzieht, welches Jogurt sie kauft, aus welchem Becher sie trinkt. Sie will alles selber aussuchen.

Die Mutter möchte den Willen des Kindes respektieren, fühlt sich aber häufig am Rande ihrer Nerven, weil Carla es sich oft wieder anders überlegt und die Prozedur immer länger dauert. Auf vernünftiges Zureden reagiert sie ungehalten, manchmal sogar mit einem Tobsuchtsanfall.

Innere Unentschlossenheit macht unruhig

Carla weiß offenbar selber nicht, was sie will. Sie braucht nicht noch mehr Freiraum, sondern klare Vorgaben in einem angemessenen Rahmen und die Erfahrung, dass sich Kinder ruhig dem Willen ihrer Eltern anvertrauen und manchmal auch unterordnen dürfen. Diese Haltung muss zunächst einmal die Mutter einnehmen und ausstrahlen.

Entscheidungen treffen will gelernt sein

Es ist ein Zeichen erwachender Eigenständigkeit, wenn Kinder für sich selber Entscheidungen treffen wollen und es ist wichtig, dass Eltern dafür Verständnis haben und Möglichkeiten der Wahl und Mitbestimmung anbieten. Den Rahmen dafür müssen die Eltern vorgeben. Natürlich spricht nichts dagegen, dass Kinder von klein auf Wünsche äußern und die Eltern angemessen darauf eingehen. Aber mit der Frage „Was willst du?“ ist ein Kind oftmals überfordert: „Willst du in den Park gehen oder zu Hause bleiben?” Das müssen Sie entscheiden! Das Kind darf bestimmen, ob es den Teddy oder die Puppe mitnehmen will! „Willst du eine Mütze aufsetzen?“ wenn es draußen stürmt, ist ebenfalls eine Überforderung für Kleinkinder.

Erwachsene müssen die Auswahl einschränken

Das hat nichts mit Bevormundung, sondern mit elterlicher Verantwortung zu tun. „Welchen Becher willst du? Den roten oder den gelben?“ „Möchtest du Marillen- oder Erdbeermarmelade?“ „Den grünen oder den lila Pulli?“ Diese Frage stellt sich auch erst, wenn das Kind die Wahlfreiheit verlangt oder dazu ermutigt werden soll.

Auf den richtigen Zeitpunkt kommt es an

Am Abend darf sich Carla Zeit nehmen, die Kleidung selber zu wählen. Hat sie diese Möglichkeit versäumt, zieht sie an, was die Mutter hergerichtet hat. Daran ändert auch Geschrei nichts. Die Mutter kann wohl Verständnis zeigen, nicht aber nachgeben. Vereinbarungen werden eingehalten. Ende der Diskussion.

Rückfragen, um Entscheidungen zu festigen

Ob Carla den grünen oder den lila Pulli wählt, ist an sich egal. Wichtig ist, dass sie zu ihrer Entscheidung stehen lernt. Das bewirken Sie, indem Sie nicht zulassen, dass sie es sich dreimal anders überlegt. Helfen Sie Ihrem Kind dabei, indem Sie nachfragen: „Du möchtest also den lila Pulli. Bist du sicher?“ Oder: „Du hast fünf Minuten Zeit, um zu wählen. Wenn du dich entschieden hast, bleibt es dabei.“

Auch wenn die Sache belanglos ist: Stellen Sie das Hin- und Herschwanken ab („Nein, gib mir doch lieber den anderen!“). Ihr Kind wird nicht kaltschnäuzig abserviert, sondern erfährt Grenzen mit Verständnis in einem Rahmen, der es ihm ermöglicht, schrittweise in die Übernahme von Verantwortung für die eigenen Entscheidungen hineinzuwachsen.

Es spürt den benötigten Halt durch klare Vorgaben oder Vereinbarungen und den festen Willen der Eltern. Wenn es gelernt hat, zu seinen Entscheidungen zu stehen, wird es sich später im Leben leichter tun: Denn wenn eine Tür zugeht, mache ich mich frei, mich ganz auf Neues einzulassen.

„Ich verspreche dir…!“

Szene 1: „Nur dieses eine Zucki!“ – „Aber dann hast du keinen Appetit auf Gemüsesuppe!“ – „Biiiittte!“ – „Versprichst du mir, brav zu essen?“ – „Jaaa!“ – „Na, ausnahmsweise!“ Die Mutter/der Vater gibt dem herzzerreißenden Flehen ihrer/seiner Tochter bzw. ihres/seines Sohnes nach. Beim Mittagstisch jedoch heißt es: „Ich bin nicht hungrig!“ – „Du hast mir doch versprochen…!“ Szene 2: „Kann ich mir nur diesen einen Film ansehen? Dann mache ich bestimmt meine Hausübung!“ Szene 3: „Du musst mir diese Jeans kaufen. Dann werde ich das ganze Wochenende für die Schularbeit pauken!“

Wie sollen Eltern mit den Versprechungen ihrer Kinder umgehen? Wie viel Vertrauensvorschuss können wir ihnen geben? Was antworten wir auf den vorwurfsvollen Einwand: „Nie traust du mir etwas zu!“

Was sagt Ihr Gefühl?

Immer geht es in solchen Situationen darum, dass Ihr Nachwuchs sein momentanes Ziel „auf die Schnelle“ erreichen will. Wer setzt sich durch? Eltern müssen ihren Kindern ermöglichen, Durchsetzungsvermögen zu trainieren, dürfen aber nicht die Kontrolle über das Geschehen verlieren. Wie verhalten Sie sich, wenn Ihr Kind Druck macht? Hören Sie auf Ihr „Bauch-Gefühl“: Fühle ich mich erpresst? Will ich meine Ruhe haben? Wie groß ist das Herzensanliegen oder die Verzweiflung meines Kindes? Verpasst es Wesentliches, wenn ich nein sage? Wie paktfähig ist es? Wie groß ist die Wahrscheinlichkeit, dass es sein Versprechen einhält? Und meine Durchsetzungskraft, die vereinbarte Gegenleistung einzufordern? Wenn schlechte Muster einreißen, wird das Kind die Eltern immer weniger ernst nehmen und es gibt einen Autoritätsverlust, der Erziehung immer mühsamer macht.

Führungskompetenz statt nachträglich schimpfen

Dies alles hat mit meiner eigenen Klarheit, meiner Führungskompetenz und dem Entwicklungsstand meines Kindes zu tun! Oft erlebe ich ein führungsschwaches Nachgeben seitens der Eltern. Sie lassen später die Sache einfach unter den Tisch fallen oder machen dann, wenn ein Versprechen nicht eingehalten wird, ihren Kindern Vorhaltungen – was unnötigen Streit zur Folge hat.

Was lernt das Kind daraus?

„Wenn ich lästig genug bin, kriege ich sie/ihn herum!" „Sie wird schon vergessen oder nachgeben, wenn ich mit dem großen Augenaufschlag komme!" „Bei meinen Vorwürfen wird sie weich!" „Sie soll dann ruhig keppeln. Hauptsache, ich habe meine Jeans." Durch solche „Siege" wird die Charakterbildung negativ beeinflusst: Einerseits führen nachträgliche Beschimpfungen zu einem negativen Selbstbild, andererseits lernt das Kind, fiese Mittel von Druck und Manipulation einzusetzen. Auf alle Fälle spürt es die mangelnde Führungskompetenz der Eltern, bis hin zu deren Hilflosigkeit. Das wird es nicht etwa danken, sondern weiter ausnützen.

Nicht mit Versprechungen überfordern

Es hat sicher nichts mit Charakterschwäche zu tun, wenn ein 2-Jähriges sich nicht um sein Versprechen schert, sondern es ist schlichtweg überfordert. Fällt es nicht sogar uns Erwachsenen oft schwer, gute Vorsätze umzusetzen? Es liegt an den Eltern, zu wissen, wie viel Paktfähigkeit sie ihrem Kind schon zumuten können und wie sie es dabei unterstützen können, Versprechungen einzuhalten.

Zuerst die Leistung, dann die Belohnung

Gerade kindliche Wünsche sind ein gutes Mittel, Kinder zu motivieren, um bestimmte Ziele zu erreichen. Oft genügt es, den Spieß einfach umzudrehen: Zuerst erbringt das Kind die angestrebte Leistung, danach erhält es die vereinbarte Belohnung. Aber Vorsicht! Nicht jede Leistung muss belohnt werden: Suppe essen, Hausaufgaben machen, Schularbeitsvorbereitungen, etc. sollen nicht erkauft werden, sondern gehören zu den selbstverständlichen kindlichen Rechten oder Pflichten. Die Belohnung ist das Resultat selbst: Satt sein, gute Noten bekommen, das schöne Gefühl, etwas geleistet zu haben. Dass Eltern mit Anerkennung nicht sparen sollen, ist selbstverständlich.

Wenn ein Kind ein Versprechen gemacht hat, dann ist es gut, wenn Eltern taktvoll im rechten Moment daran erinnern. So können sie bei aufkommenden Schwierigkeiten (ich bin schon müde, ich habe keine Lust, etc.) Unterstützung geben und damit die Chancen erhöhen, dass Ihr Kind die Bewährungsprobe „Versprechen" besteht.

Die Wurstsemmel

Szene im Supermarkt, Feinkost: Der schüchterne Erwin, 7, möchte eine Wurstsemmel. Sein Vater meint: „Komm, stell dich an, ich hole inzwischen Milch." Als Erwin an die Reihe kommt, traut er sich nichts zu sagen und fängt an zu weinen. Sein Vater erscheint und sagt ungehalten: „Jetzt stell dich doch nicht so an. Sag doch endlich, was du willst." Jetzt verliert Erwin erst recht die Fassung. Die freundliche Verkäuferin errät die Not des Kindes: „Willst du vielleicht eine Wurstsemmel oder lieber eine Käsesemmel?" Der Vater, geniert und ungehalten: „Geben Sie ihm eine Wurstsemmel, damit wir Ruhe haben!" Die prägende Botschaft zwischen den Zeilen lautet eindeutig: „Du bist unfähig!"

Gefühle akzeptieren statt ausreden

Ein anderer Vater oder eine andere Mutter würde vielleicht meinen: „Du brauchst dich doch nicht zu fürchten! Da kann doch nichts passieren!" Oder: „Komm, mach schon! Da ist doch nichts dabei!" Auch solch „tröstliche" Aussagen vermitteln die Botschaft „du bist ein Trau-mich-nicht". Der Vater bestätigt durch seine mitleidige Reaktion das schwache Selbstbild des Sohnes. Durch solch gut gemeinte, ungeduldige oder ungehaltene „Sei nicht so…"-Aussagen erreichen Eltern das Gegenteil: Das Kind wird noch unsicherer, fängt womöglich an zu stottern – und ein schwer zu durchbrechender Kreislauf beginnt.

Ernst nehmen und Verständnis zeigen

Wie alle Menschen, so sind auch Kinder von Natur aus verschieden. Es gibt die frechen und mutigen, die introvertierten und schüchternen, die lauten und die leisen. Wenn wir das Verhalten eines Kindes ändern und Entwicklung fördern wollen, müssen wir es zunächst einmal dort abholen, wo es gerade steht. Das Kind braucht die Gewissheit, dass es so, wie es gerade ist, geliebt und angenommen wird – anstatt „Gefühle auszureden", auch nicht zum Trost. Durch emotionale Annahme, Verständnis ohne Mitleid, lernt das Kind, zu sich selber zu stehen und Kraft zur Überwindung seiner Schwierigkeiten zu finden.

Denn auf diese Weise vermitteln Sie Ihrem Kind: „Ich nehme dich ernst und trau dir zu, dass du damit klar kommst!" Solche Botschaften bauen auf, denn sie enthalten „Vitamin C" zur Stärkung des kindlichen Selbstbewusstseins.

Schüchternheit

Schüchternheit ist eine Frage der Persönlichkeit und des Selbstwertgefühls. Mangelndes Selbstwertgefühl bei Kindern zeigt sich heutzutage oft auch in anderer Form: Durch Überspielen mit „coolem“ Gehabe, frechen Sprüchen, Gruppenabhängigkeit. Was für die einen selbstverständlich ist, kann für andere momentan unüberwindlich scheinende Hürden darstellen, wie beim 7-jährigen Erwin im Supermarkt.

Geschützten Rahmen anbieten

Die Schüchternheit der Kinder erfordert viel Geduld seitens der Eltern, weil es uns doch selbst unangenehm ist, unseren Nachwuchs verschlossen, weinend, stotternd, statt als sonnigen Helden zu erleben. Da nützt nur eines: Solidarität und die Überzeugung ausstrahlen, dass es kein Problem ist, Probleme zu haben, weil das zum Leben dazugehört. Eltern müssen da sein, einen geschützten Rahmen anbieten und dem Kind Zeit lassen: „Ich begleite dich. Sag, was du möchtest!“ Es macht einen Unterschied aus, ob Erwin allein in der Schlange steht oder ob ein Elternteil solidarisch an seiner Seite ist und Sicherheit vermittelt. Allein diese Tatsache gibt Erwin Mut, für sich selbst zu sprechen und ein Erfolgserlebnis zu verbuchen.

Nachbesprechung in ruhiger Atmosphäre

Gab es eine kleine Blamage (Erwin hat geweint oder gestottert) und taucht ein Problem häufiger auf, ist es wichtig, in einer ruhigen Atmosphäre zu Hause mit dem Kind darüber zu reden. Sie müssen ihm ermöglichen, über seine Gefühle zu reden, denn dort sitzt ja auch die Blockade, besonders bei Schüchternheit und geringem Selbstwertgefühl. Aktives Zuhören und Gefühle „spiegeln“ ist angesagt, bis Sie den berühmten „Seufzer der Erleichterung“ bei Ihrem Kind spüren. Das kann nach einem Satz oder nach einer halben Stunde sein. Lassen Sie sich erzählen, ohne zu bohren, wie Ihr Kind die Situation erlebt hat, welche Ängste damit verbunden waren. Was für Erwachse lächerlich und unbedeutend scheint, sieht aus der Perspektive des Kindes oft ganz anders aus. Allein das zählt. Es ist Experte über sein Innenleben. Statt ihm seine Bedenken auszureden („Es lacht dich eh keiner aus!“) stellen Sie Fragen, die ihm helfen, sein Problem aus verschiedenen Blickwinkeln zu sehen: „Haben wirklich alle gelacht?“ „Wie schlimm ist das eigentlich für dich, wenn einer lacht?“ Dann kommt er selber zu dem

Schluss: „Das ist ja nicht so schlimm.“ Statt Lösungen vorzuschlagen, fragen Sie Ihr Kind, wie es nächstesmal vorgehen möchte und was ihm dabei helfen kann. Letztendlich können auch Ihre Ratschläge gefragt sein.

Kinder ernst nehmen

Lassen Sie Ihr Kind ausreichend zu Wort kommen? Nehmen Sie seine Gefühle und Meinungen ernst und fragen Sie gelegentlich auch danach? Welche Möglichkeiten der Mitbestimmung bieten Sie an? Gibt es Familiengespräche oder regelmäßige „Familienkonferenzen“, bei denen es Selbstbewusstsein und rhetorische Fähigkeiten üben und nebenbei auch lernen kann, seinerseits anderen zuzuhören?

Angemessene Herausforderungen zum Mut machen planen

Überlegen Sie, welche Herausforderungen für Ihr Kind gerade passen und welche Rahmenbedingungen nötig sind, um ihm zu kleinen Erfolgen zu verhelfen. Auch der Familienalltag bietet genug Gelegenheiten zum Mitmachen und Helfen, in denen sich Ihr Kind als wichtig und wertvoll erleben kann. Geben Sie Anerkennung und sagen Sie es auch Dritten gegenüber in seinem Beisein.

Ressourcen bewusst machen

Bringen Sie Ihrem Kind auch Situationen in Erinnerung, wo es bereits erfolgreich war und was es schon gut kann. Ihr Vertrauen und Ihr Zuspruch im richtigen Moment kann anspornen und Mut machen.

Geschichten zum Identifizieren

Anekdoten aus Ihrer Kindheit und über Ihre eigenen Schwierigkeiten können Ihrem Kind helfen, sich verstanden zu fühlen – vorausgesetzt, Sie kommunizieren dabei nicht zwischen den Zeilen: „Schau, wie toll ich bin!“ Sonst sind Sie kontraproduktiv, weil Ihr Kind das Gefühl bekommt, Sie wollen sich auf seine Kosten wichtig machen. Geschichten aus Büchern oder selbst erfunden helfen Kindern ebenfalls, sich zu identifizieren und Blockaden zu verarbeiten. Ob sie passen, merken Sie am Interesse, an der Erleichterung, und ob das Lächeln zurückkehrt.

Und vergessen Sie nicht: Das wichtigste Vitamin zum Auftanken des Selbstwertgefühls ist Ihre Liebe und Aufmerksamkeit.

Kinderfragen: „Warum?"

„Warum wird es in der Nacht finster?", „Warum versteckt sich der Maulwurf unter der Erde?", „Wird die Omi bald sterben?", „Warum sagst du immer ‚Darum!' wenn ich etwas frage?"

Den meisten Eltern ist bewusst, dass ihr Kind mit diesen Fragen Neugierde und Interesse zeigt und es sich daran macht, die Welt zu entdecken. Kinderfragen sind ein Zeichen der erwachenden Intelligenz und aus ihrer Beantwortung lernt das Kind in kleinen Schritten, sich ein Bild von der Welt zu machen. Ist eine Frage beantwortet, denkt das Kind darüber nach, prüft das Ergebnis und kommt so zu immer neuen Fragen, manchmal in Serie direkt hintereinander. Kinderfragen sind anstrengend. Kinderfragen können nerven. Manchmal erscheinen sie uns allzu banal, ein anderesmal wissen wir selber nicht die Antwort, fühlen uns verlegen oder selbst in Frage gestellt. Die meisten von uns haben sich damit abgefunden, dass die Welt voller Rätsel ist und manchmal auch voller Widersprüche. Wir begnügen uns mit dem erforderlichen Alltagswissen und haben aufgehört zu fragen und zu hinterfragen. Da erinnert uns ausgerechnet unser Dreikäsehoch daran, dass es da noch mehr geben muss.

Lassen wir uns von unseren Kindern anregen, wieder die lebendige Neugierde in uns zu entdecken!

Kindliche Fragen sind auch ein Zeichen großen Vertrauens, das Ihr Kind Ihnen entgegenbringt. Als liebevolle Bezugsperson sollten Sie Ihr Kind niemals enttäuschen, sehr wohl aber können Sie gelegentlich ehrlich zugeben. „Das weiß ich nicht!“, ohne deshalb weniger respektiert zu werden.

Lieber „Das weiß ich nicht“ statt „Frag nicht so dumm!“

Im Gegenteil: Ihr Kind wird zwar merken, dass Sie kein Übermensch, dafür aber menschlich und echt sind. Und darin besteht Ihre wahre Größe. Keineswegs sollten Sie Ihrem Kind antworten: „Frag nicht so dumm!.“ Es wird nicht verstehen, dass Sie es eilig haben oder in Verlegenheit sind, sondern es als Beleidigung empfinden. Auf diese Weise wird das kindliche Selbstwertgefühl verletzt und das Kind zieht sich zurück, oder es versucht auf andere Weise, das Defizit auszugleichen, durch „lästig“ sein oder „Kasperl“ machen, was Sie erst recht nervt. Das Kind wird von neuem kritisiert, und ein Teufelskreis beginnt sich zu drehen. Vielleicht hört es mit der Zeit auf, zu fragen und damit auf, motiviert zu lernen. Später beklagen sich dann so manche Eltern, dass ihr Kind kein Interesse an schulischen Leistungen hat, sehen aber nicht den Zusammenhang zwischen solchen und ähnlichen Erziehungsmustern.

Natürlich kann es vorkommen, dass Sie momentan nicht in der Lage sind, geduldig zuzuhören, weil Ihre Zeit oder Ihre momentane Stimmung es nicht erlaubt. Dann ist es gut, Ihrem Kind zu schildern, wie Sie sich fühlen, z.B. „Weißt du, ich muss mich fertig machen, darum kann ich jetzt nicht zuhören. Bitte sei mir nicht böse. Kannst du dir deine Frage für später aufheben?“ Auf diese Weise wird Ihr Kind in der Lage sein, Rücksicht zu nehmen und diese Ablehnung nicht als Abwertung seiner Person empfinden.

Hinterfragen helfen

Die Fragerei kann auch zu einem lustigen oder lästigen Spiel werden, wenn eine Frage standardmäßig und stereotyp gestellt wird. In diesem Fall empfiehlt es sich, statt „Frag nicht so dumm!“ oder ein belehrendes „Das musst du doch schon selber wissen!“ den Ball zurückzuspielen und das Kind zu seinen eigenen Kompetenzen hinzuführen. Wie das geht? Stellen Sie ebenfalls Fragen! „Was

Auch der Weiseste kann unermesslich viel von Kindern lernen.

Rudolf Steiner

glaubst denn du?“ oder verweisen Sie auf seine Beobachtungen: „Du hast doch gesehen, wie…“ Das Kind soll die Antwort mit Ihrer Hilfe selber finden.

Kinderfragen unterstützen den inneren Klärungsprozess

Es kann auch sein, dass das Kind deshalb wiederholt Fragen zum selben Thema stellt, weil es persönlich davon betroffen ist und ein bestimmtes Ereignis noch nicht ganz verarbeitet hat. Durch behutsames Rückfragen und Zuhören können Sie das Innenleben Ihres Kindes besser verstehen und mögliche Schwierigkeiten und Ängste bewältigen helfen.

Ihre Antwort soll einfach und authentisch sein und nicht der Selbstdarstellung dienen

Eine häufige Spielart kindlicher Fragerei ist es auch, oberflächlich zu fragen, aber gar nicht richtig zuzuhören, wenn der Erwachsene geduldig darauf antwortet. Natürlich sollten Ihre Antworten kein „Strudelteig“ sein und nicht der Selbstdarstellung dienen, aber wenn Sie merken, dass Ihr Kind unkonzentriert ist, zwar fragt, sich aber gleich wieder seinem Spiel zuwendet, ohne die Antwort abzuwarten, so ist es wichtig, es darauf hinzuweisen und Aufmerksamkeit einzufordern. Etwa: „Du hast mir soeben eine Frage gestellt, wartest aber die Antwort gar nicht fertig ab. Ist dir deine Frage nun wichtig, oder nicht? Wenn ja, dann hör mir jetzt bitte gut zu! Weißt du, die Sache ist so…“

Was tun, wenn Sie eine Frage aus irgendeinem Grund nicht beantworten wollen? Bitte keine Ausreden! Auch kein „Das geht dich nichts an!“ oder ein plumpes „Dafür bist du noch zu klein!“ Kinder haben ein untrügliches Gefühl dafür, was echt ist. Mit einer ehrlichen Ich-Botschaft kommen Sie am besten über die Runden, zum Beispiel „Das ist die Angelegenheit von Tante N. Deshalb kann ich nicht mit dir darüber reden“ oder „Es fällt mir schwer, dir dies zu erklären, weil ich glaube, dass das noch zu kompliziert für dich ist“, „Ich möchte nicht darüber sprechen, weil…“ Wenn Erwachsene auf solche Weise mit Kindern umgehen, fühlen sich diese ernst genommen und lernen freudig, aufmerksam und rücksichtsvoll in die Welt und ins Leben hineinzugehen.

Die Lust am Lernen

Manche werden es vielleicht nicht glauben: Lernen ist ein Grundtrieb der menschlichen Natur. Es ist ein Bedürfnis von uns Menschen, zu wachsen und zu reifen, mit dem Ziel, die in unserer Veranlagung schlummernden Fähigkeiten zu entfalten und zu entwickeln. Dies geschieht in einem Prozess der Auseinandersetzung zwischen Individuum und der Welt, durch Beobachtung, Erfahrung, Reflexion und Erkenntnis. Die gewonnenen Erkenntnisse und Einsichten werden durch neue Eindrücke immer wieder in Frage gestellt, überprüft und dienen als Baustein für die nächsten Beobachtungen und Experimente. Dies führt zu einem Zyklus, der sich immer weiter dreht, zu weiteren Stufen der Entwicklung, der Reife und des Wissens, ein Prozess, der im Grunde ein Leben lang nicht aufhört. Somit kann man sagen:

Die Motivation zum Lernen ist uns angeboren!

Denken Sie an ein kleines Kind, wie forschend beobachtend schon ein Baby die Umwelt betrachtet, wie es nichts Wichtigeres zu tun hat, als seinen Körper und dessen Möglichkeiten zu entdecken und zu trainieren. Es folgen die ersten Gehversuche, das Entdecken der vielen Gegenstände rundherum, das Erlernen der Sprache, das unermüdliche Ausprobieren, das Reflektieren, gekennzeichnet durch die vielen neugierigen Kinderfragen – so lange, bis es mit der Antwort zufrieden ist und wieder neue Fragen entstehen. Dies alles geschieht spielerisch, scheinbar mühelos. Sie brauchen Ihr Kind erst gar nicht zu motivieren, das alles zu tun, Sie brauchen diesen Vorgang nur zuzulassen und in der rechten Weise zu begleiten.

Lebensfreude, Neugier und Wagemut als treibende Faktoren

Die intellektuelle Entwicklung ist sehr eng mit der emotionalen Entwicklung verbunden, mit der Lust am Lernen und der Lebensfreude. Neugier und Wagemut sind treibende Faktoren. Diese können sich nur dann in gesundem Ausmaß entwickeln, wenn das Kind die seelische Unterstützung der Eltern hat: Zum einen die nicht an Bedingungen geknüpfte Liebe der Eltern (Botschaft: „Ich mag dich wie du bist!“ statt „Wenn du brav bist, dann hab ich dich lieb!“), zum anderen Sicherheit und Geborgenheit, die Sie durch die Vorgabe angemessener Rahmenbedingungen und Grenzen vermitteln, Ihr aktives Beobachten und Ihr Dasein für den Notfall. Ein ängstliches „Lass das!“, „Pass auf!“, „Das kannst du nicht!“ bremsen das Kind ein und nehmen ihm das Vertrauen in die eigenen Fähigkeiten. Durch den intensiven Denkprozess, der durch das viele Fragen gekennzeichnet ist, lernt das Kind begreifen und Zusammenhänge zu verstehen. Auch wenn es manchmal mühsam ist, sehen Sie es als eine kostbare Gelegenheit, Ihr Kind bei seiner intellektuellen Entwicklung zu unterstützen und antworten Sie einfach, ehrlich, kindgerecht, anstatt „Sei nicht immer so neugierig!“ oder „Das geht dich nichts an!“

„Hast du dein Kind heute schon gelobt?"

Einen solchen Aufkleber oder Merkzettel sollten Eltern an gut sichtbarer Stelle anbringen und in den Katalog der guten Gewohnheiten aufnehmen. Ja, viele Eltern geben wohl Rückmeldung über Dinge, die sie an ihren Kindern stören, vergessen aber leicht darauf, das Positive hervorzuheben: „Es war fein, mit dir im Wald spazieren zu gehen!", „Ich finde es schön, dass du der Omi so einen schönen Blumenstrauß gepflückt hast!", „Ich freue mich, dass dir die Hausübung so gut gelungen ist!"

Beschreibend und differenziert loben

Ihr Lob soll ehrlich sein, nicht flüchtig und unaufmerksam. Übertreiben Sie nicht beim Loben und loben Sie nicht in Bausch und Bogen, sondern differenziert. Sagen Sie, was Ihnen genau an der Arbeit oder Zeichnung gefällt, nicht einfach „super!" Denn sonst wird das Kind Ihrem Lob wenig Wert beimessen und es wird ihm keine Hilfe sein, an sich zu arbeiten und seine Leistungen zu verbessern. Vielleicht denkt es auch unbewusst: „Meine Mutter nimmt mich eigentlich gar nicht ernst. Sie sagt das nur, um mich nicht zu kränken." Kinder haben einen untrüglichen Sinn für das Echte.

Nicht durch Lob klein machen

Manchmal reagieren Kinder auf Lob sogar allergisch: Wenn es allzu gekünstelt wirkt oder Selbstverständlichkeiten hervorgehoben werden, die dem Entwicklungsstand des Kindes nicht mehr entsprechen – dann fühlt es sich nämlich wie als Baby behandelt. Es genügt, wenn wir Aufmerksamkeit schenken und Dinge einfach positiv zur Kenntnis nehmen durch ein schlichtes „Danke!“

Nicht vom Lob abhängig machen

Bei allem Positiven, das Lob und Anerkennung mit sich bringt, soll eines vermieden werden: Dass das Kind von Ihrem Lob abhängig wird und an seinen Fähigkeiten zweifelt, wenn es einmal ausbleibt. Das können Sie erreichen, wenn Sie sozusagen den Ball immer wieder zurückspielen und das Kind fragen, was es denn selber von seiner Leistung hält. „Wie gefällt es dir selber?“

Zeigen Sie Interesse, indem Sie konkrete Fragen stellen

„Was bedeutet dieses Viereck hier im Hintergrund? Was macht dieser Hund neben dem Kind?“ Oder „Du warst aber schnell damit fertig.“ Und Sie werden staunen, wie kompetent schon kleine Kinder antworten, z.B.: „Weißt du, hier habe ich mir nicht sehr viel Mühe gemacht, denn ich möchte gleich wieder spielen gehen!“, oder „Das Pferd ist mir noch nie so gut gelungen wie heute.“ So lernt es, einen selbstbewussten und kritischen Bezug zur eigenen Leistung herzustellen, aber auch, Kritik einzustecken. Das ist ganz wichtig, denn in der Schule wird es auch auf Fehler hingewiesen, die es ausbessern muss.

Wenn Kinder durch Ihre beschreibenden und fragenden Rückmeldungen immer wieder lernen, über sich selbst zu reflektieren, steigt ihr Selbstbewusstsein und sie lernen, an sich zu glauben – auch wenn das Lob einmal ausfällt.

„Was soll ich werden?“

Diese Frage taucht in der Entwicklung eines Kindes immer wieder auf. Meist wird sie von starken Emotionen und der Fantasie des Kindes begleitet und es hat in seiner Begeisterung die merkwürdigsten Ideen – oft genug fernab jeglicher Realität. Wenn der 5-jährige Karli Weltraumfahrer oder Detektiv werden will, die 10-jährige Sandra Model oder Schauspielerin, hat dies eine andere Bedeutung, als wenn der 15-jährige Peter oder die 14-jährige Ines das tun. Wenn wir dann antworten: „So ein Blödsinn“, „Das geht nicht weil,…!“, „Du schaffst doch nicht den Weg nach oben! Lern was Ordentliches!“ bremsen wir den kindlichen Höhenflug ab und nehmen dabei oft gleich die Freude mit – um das Kind zu uns in die Niederungen des Alltags und der erloschenen Träume zu holen.

Die Träume Ihres Kindes sind seine Flügel und Motivation

Wenn Sie Ihr Kind über seine Träume reden lassen, erfahren Sie, was es bewegt, wie es denkt und fühlt. Wenn es sich verstanden fühlt, lernt es seine Gedanken zu ordnen und in konstruktive Bahnen zu lenken. Mögliche Widersprüche wird es selber entdecken, Wege der Umsetzung suchen. Dabei können Sie es unterstützen, indem Sie nachfragen: „Welche Eigenschaften muss so ein Weltraumfahrer haben? Was muss er alles wissen?“ Es kann nicht schaden, wenn Ihr Kind motiviert ist, sich diese Eigenschaften und dieses Wissen anzueignen. Es wird sie in jedem Beruf brauchen können! Nehmen Sie Ihr Kind ernst, gönnen Sie ihm die Auseinandersetzung mit seinen Träumen und begleiten Sie es angemessen und altersgemäß dabei, diese mit dem Boden der Realität zu verbinden. Stellen Sie lieber die passenden Fragen, als Antworten vorweg zu nehmen! Diese wird es mit Ihrer Hilfe selber finden. Ist es in einer Sackgasse gelandet, können Sie statt: „So ein Blödsinn!“ sagen: „Bis du groß bist, kannst du es dir noch gut überlegen!“

Professionelle Entscheidungshilfe

Wenn die Berufswahl ein konkretes Thema wird, gibt es Interessens- und Berufseignungstests, professionelle Coaches, Tage der offenen Tür an Schulen und Ausbildungsstätten, Schnupperpraktika, etc. Dabei können Eltern begleiten und beraten. Vorstellungsgespräche soll ein Jugendlicher lieber allein bewältigen. Denn nichts wirkt demotivierender auf einen künftigen Chef, als Unselbstständigkeit und Bevormundung durch Mama oder Papa. Das erkennt er rasch daran, wenn Eltern auf Fragen antworten, die dem Jugendlichen gestellt werden – und sie damit in bester Absicht ihrem Sohn oder ihrer Tochter jegliche Kompetenz absprechen.

„Ich glaub an dich!"

Haben wir eine gewisse Ehrfurcht vor den Träumen und dem Potenzial unserer Kinder und geben wir ihnen das Gefühl: „Ich glaub an dich! Ich werde dich dabei unterstützen, deinen Weg zu finden und deine Träume zu verwirklichen, aber ich werde dir nicht alle Schwierigkeiten aus dem Weg räumen!" Denn gerade daran kann es seine Talente und Fähigkeiten erproben und stärken und auf die Realität abstimmen. Letztendlich geht es nicht darum, dass Kinder unsere Träume verwirklichen, sondern die eigenen. Und warum eigentlich sollte unser Kind nicht Weltraumfahrer werden?

„Ist ja nicht so schlimm!"

Tim, 4, hat den Porzellanvogel vom Regal herunter geschmissen. Er läuft weinend zur Mutter. Beschwichtigend meint sie: „Ist ja nicht so schlimm. Mach dir nichts daraus!" – „Aber der war sooo schön! Huuhh!" Mutter: „Wir kaufen dir einen neuen!" Je mehr die Mutter versucht, ihn zu trösten, umso mehr steigert sich Tim in hysterisches Geheul hinein. Was geht in ihm vor?

In bester Absicht hat die Mutter versucht, Tim seine Gefühle auszureden, sie also völlig ignoriert. Für ihn ist es aber schlimm! Und sie behauptet das Gegenteil! Wären nicht auch Sie wütend? Da er keine emotionale Entlastung bekommt, kann er sich auch nicht beruhigen. Paradox: Trost macht wütend!

Gefühle ernst nehmen statt vorschnell trösten

Tim hat das Bedürfnis, dass seine Gefühle akzeptiert werden. Aktives Zuhören ist gefragt: „Du bist aber traurig, weil dir das passiert ist…!" Allein so ein Satz bewirkt seelisches Aufatmen. Tim kann bestätigen: „Ja!" Nun will er alles loswerden: „Das war mein Lieblingsvogel!" Es hilft, wenn die Mutter Interesse zeigt: „Wie ist denn das passiert?" und nochmals mit aktivem Zuhören reagiert: „Du bist traurig und ärgerlich zugleich…"

So kann er auch erkennen, was er falsch gemacht hat. Dann kann sie Tims Blick in Richtung Lösung lenken: „Was kannst du jetzt tun?" Tim: „Hilfst du mir, ihn zu kleben?" Oder: „Bekomme ich einen neuen?" Oder: „Schade. Das war wirklich ein schönes Stück."

Die Lösung kann auch darin bestehen, dass es keine Lösung gibt: Tim muss sich einfach damit abfinden. Auch der Griff zum Besen ist pädagogisch wertvoll. So kann sich Tim beruhigen und Verantwortung übernehmen, denn die Mutter vermittelt: „Ich trau dir was zu!“ Es darf auch getröstet werden – aber zum richtigen Zeitpunkt.

Erziehung zur Unachtsamkeit

Andere Kinder nehmen Mamas Trost gerne an, gehen wieder spielen und hinterlassen der Mutter den Trümmerhaufen. Auch diese Reaktion ist nicht wünschenswert, da sie zur Unachtsamkeit erzieht. Alles ist schnell ersetzbar, nichts hat Wert. Wozu achtgeben?

Das andere Extrem: Überzogene Strafen

Das andere Extrem kennen manche noch aus alten Zeiten, wo kindliches Missgeschick oft mit harten Zurechtweisungen oder überzogenen Strafen quittiert wurde. Es ist gut, wenn wir Kindern vermitteln: „Wenn dir ein Missgeschick passiert, ist es kein Drama, aber übernimm die Verantwortung!“

Wenn Ihr Kind Probleme hat

Oder: Wie kann ich Eigenständigkeit fördern?

Fallbeispiel: Kind beklagt sich: „Alle Kinder sind auf den Spielplatz gegangen. Nur ich bin allein zurückgeblieben!“ Mutter: „Mach dir nichts draus! Komm, wir spielen mit den Legosteinen!“ Kind, unwillig: „Ich hab keine Lust. Ich will auf den Spielplatz!“ Mutter: „Du weißt doch, dass das nicht geht. Du bist noch erkältet. Was willst du denn sonst spielen?“ Das Kind „raunzt“ und bleibt stur, die Mutter verliert den Geduldsfaden. Sie hat es nur gut gemeint und ärgert sich jetzt über so viel Uneinsichtigkeit. Manche Kinder können sich in solchen Momenten auf den Boden schmeißen, brüllen, toben, als wäre der Weltenschmerz ausgebrochen.

Verständlich, dass Eltern ihren Kindern helfen wollen, Probleme zu lösen. Herkömmliche Maßnahmen wie oberflächliches Trösten, gut gemeinte Ratschläge und dergleichen sind aber meist wirkungslos oder kontraproduktiv. Oft wird das Kind dadurch erst recht wütend und macht genau das Gegenteil, weil es sich nicht ernst genommen, sondern bevormundet fühlt. Oder aber es tut schön brav, was ihm empfohlen wird. Dann ist zwar das akute Problem gelöst, das Kind hat aber nichts dazugelernt. Mit der Zeit wird es unsicher und traut sich selber gar nichts mehr zu. Eltern wundern sich, warum ihr Kind so unselbstständig ist und „unterstützen“ es noch mehr. Eine stille Botschaft prägt sich im Kind ein: „Du bist zu klein, zu dumm, du schaffst das nicht.“ Dementsprechend wird es sich auch verhalten. Fachleute sprechen von erlernter Hilflosigkeit.

So schaffen Sie Erleichterung

Wenn es nun vor allem darauf ankommt, Verständnis zu zeigen, so könnte Ihre erste Reaktion auf die kindliche Äußerung so sein: „Du bist traurig, weil du nicht mitgehen kannst…“ Sie „spiegeln“ einfach nur das Gefühl, das Sie bei Ihrem Kind vermuten. Einfühlsam, wie Eltern sind, werden Sie auch meist das Richtige treffen. Das Kind fühlt sich verstanden und ist erleichtert. Wenn nicht, ist es auch nicht weiter schlimm, denn Ihr Kind wird Ihr Bemühen verstehen und sich angenommen wissen. Dann wird es eben selber erklären, wie

Erkläre mir und ich werde VERGESSEN.
Zeige mir und ich werde mich ERINNERN.
Beteilige mich und ich werde VERSTEHEN.

es sich genau fühlt. Somit erlauben Sie Ihrem Kind, sich den Frust von der Seele zu reden. Sie brauchen nur aktiv zuzuhören. Dann wird es sich erleichtert fühlen und Klarheit gewinnen. Und die Lösung des Problems? Die ergibt sich meist wie von selbst – zumindest haben Sie jetzt die Voraussetzung für ein konstruktives Gespräch geschaffen.

Die Coaching Formel: Verstehen, klären, lösen

Die Haltung, die Eltern einnehmen sollten, um ihre Kinder zu unterstützen, sollte folgende sein: „Ich nehme dich und dein Problem ernst und versuche, es aus deinen Augen zu sehen und dich zu verstehen. Ich traue dir zu, mit deinen Problemen klar zu kommen. Ich bin da, um dich zu unterstützen, nicht aber, sie statt dir zu lösen." Wenn Sie für Beruhigung und Erleichterung gesorgt haben und sich Ihr Kind verstanden und angenommen fühlt, können Sie Fragen stellen oder Informationen zur Verfügung stellen, die ihm helfen, sein Problem aus unterschiedlichen Sichtweisen zu betrachten – um somit Abstand und Klarheit zu gewinnen. Danach lenken Sie Ihr Kind dahin, selber nach Lösungen zu suchen: „Was könnte da helfen?", „Was könntest du da tun?" Ermutigen Sie Ihr Kind, sich alle möglichen und unmöglichen Lösungen aufzuschreiben, mit Fantasie, Humor, Kreativität, ohne zunächst zu bewerten. Also nicht sofort: „So ein Blödsinn" oder „Das geht nicht, weil…" Dann soll das Kind das Für und Wider abwägen und eine Auswahl treffen. Sie können auch auf die Konsequenzen hinweisen: „Wenn du dies tust, passiert das. Willst du das wirklich?" So führen Sie Ihr Kind hin, gesicherte Entscheidungen zu treffen. Auch Ihr Rat wird zu diesem Zeitpunkt passen. Sollte es in einzelnen Situationen notwendig sein, direktive Vorgaben zu machen, dann stehen Sie dazu. Vergessen Sie aber nicht, Ihrem Kind Anerkennung für seine Bemühungen zu zollen.

Wenn Sie Ihr Kind Verständnis, Vertrauen und Nähe spüren lassen, schaffen Sie die besten Voraussetzungen, damit es an Problemen lernen und wachsen kann. So werden sie zu Bausteinen für Selbstvertrauen, Eigenständigkeit und Kompetenz. Genau darum geht es ja!

Seiner eigenen Würde gibt Ausdruck,
wer die Würde anderer Menschen respektiert.

Richard Freiherr von Weizsäcker

Kapitel 5

Grenzen setzen

In seinem Streben nach Autonomie probt das Kind Durchsetzungsvermögen und begibt sich dadurch in Konflikt zu seinen Eltern.

Weil es in der modernen Pädagogik recht viel Unklarheit in Bezug auf elterliche Macht und Autorität gibt, stelle ich grundlegende Gedanken zu diesem Thema voran und bringe anschließend einige konkrete Fallbeispiele.

Eltern sind tagtäglich in einer unerschöpflichen Vielzahl von Variationen gefordert, ihren Kindern Grenzen zu setzen. Je besser sie es dabei verstehen, liebevoll auf ihre Kinder einzugehen, umso weniger wird sie das schlechte Gewissen plagen, wenn sie nein sagen und dabei den Protest des Kindes ernten.

Kinder und Jugendliche vertrauen Erwachsenen, die es verstehen, einfühlsam, gerecht und konsequent Grenzen zu setzen. Sie fühlen sich bei ihnen sicher und spüren ganz genau, ob ihre Bezugspersonen aus Liebe und zu ihrem Wohl handeln, oder ob vielmehr egoistische Motive und die eigene Bequemlichkeit ausschlaggebend sind.

Wer es versteht, in Liebe Grenzen zu setzen, leistet einen unverzichtbaren Beitrag zur gesunden Entwicklung des Kindes und schützt sich gleichzeitig vor Überforderung.

Allen Menschen, die mit Kindern zu tun haben, möchte ich ein Stück Reflexion und „Handwerkszeug“ mitgeben, das zur Stärkung natürlicher Erziehungskompetenz beiträgt, damit Herz und Verstand, Intuition und konkretes Handeln sich gut miteinander verbinden können.

Kinder an die Macht!?

„Kinder an die Macht!“ – Diesen Slogan las und hörte ich des Öfteren zum Thema kindliche Mitbestimmung. Dazu sieht man kesse Kinder, die (uns Erwachsenen?) die Zunge zeigen. Auch in der Werbung wird dieses Motiv gerne verwendet, um kindliches Selbstbewusstsein zu demonstrieren. Ich muss gestehen, auch ich mag freche Kinder, mutige und selbstbewusste, die ihre Ansichten und Interessen auszudrücken und zu vertreten wissen. Trotzdem löst dieser Slogan ein mulmiges Gefühl bei mir aus. Es lohnt sich, sich darüber Gedanken zu machen.

Der Kampf der Generationen gehört zum natürlichen Entwicklungsprozess

„Ich will aber nicht!“ – Schon in der Trotzphase wird klar, dass sich Kinder gegen den elterlichen Willen auflehnen und ihren eigenen durchsetzen möchten. Es geht also um die Frage der Macht. Dies ist Teil des natürlichen Entwicklungsprozesses und Eltern und PädagogInnen sind aufgefordert, sich dieser Herausforderung zu stellen, wenn sie Kinder ins Leben begleiten. Zu allen Zeiten gab es diesen Kampf der Generationen, der bei Erwachsenen oft Angst auslöst und nicht selten mit Unterdrückung und Gewalt beantwortet wird.

Zwischen Macht und Machtmissbrauch

Es ist eine Errungenschaft der neueren Zeit, dass man Kinder als gleichwertig betrachtet und dass man erkannt hat, wie viel Leid und Störungen elterliche Gewalt verursachen kann. Vielen gilt allein schon das Wort Macht oder Autorität als „unanständig“ und löst Aversionen aus. Kinder sollen nicht nur nicht unterdrückt werden, sie sollen auch möglichst viel Freiheit und Mitsprache genießen. Für manche moderne Psychologen kann es gar nicht genug sein. Sie fordern provokant und kokett: „Kinder an die Macht!“

Wenn Kinder die Macht ergreifen

Wie verhält es sich nun wirklich mit der Frage der Macht in der Kindererziehung? Wenn jemand die Macht ergreift, so bedeutet das doch, dass jemand anderer darauf verzichtet oder dass sie ihm gar entrissen wird.

Wenn Kinder die Macht ergreifen, werden sie maßlos, respektlos und nicht selten auch verhaltensauffällig. Sie reizen Erwachsene so lange, bis diesen die Geduld reißt, sie die Kinder beschimpfen und erst recht unberechenbar reagieren. Oder sie werden zu hilflosen und überforderten Sklaven ihrer Kinder, die permanent nachgeben, nur „um des lieben Friedens willen“.

Kinder wollen starke Eltern,

bei denen sie sich geschützt und geborgen fühlen und zu denen sie aufschauen können. Wie sollen Kinder Respekt haben, wenn sich ihre Eltern nicht durchsetzen können? Es ist natürlich, dass Kinder testen – um zu wissen, woran sie sind und wie weit sie gehen können. Intuitiv brauchen sie eine Bestätigung, dass die Großen das Sagen haben.

Eltern sind Führungskräfte

Kinder sind nun einmal keine Erwachsenen. Eltern dürfen ihre Führungsrolle und ihre Macht nicht abgeben, sonst überfordern sie nicht nur sich selber, sondern vor allem auch ihre Kinder und bringen sie um ihre unbekümmerte Kindheit und oft auch um ihre zukünftigen Chancen im Leben, weil es ihnen an Halt und Orientierung fehlt.

Es liegt in der Verantwortung der Eltern, ihre Führungsrolle so auszuüben, dass ihre Kinder ihrem Alter und ihrer Entwicklung entsprechend ein gewisses Maß an Freiheit und auch an Mitsprachemöglichkeiten haben, damit sie schrittweise üben können, Selbstbewusstsein, Verantwortung und Macht zu übernehmen. So bilden Eltern und Pädagogen die Führungskräfte von morgen heran, denen wir dann, erwachsen geworden, als gleichberechtigte Partner die Hand reichen.

Verzichten wir darauf, unreflektiert und leichtfertig mit modischen Slogans zu punkten. Es bringt mehr, wenn Erwachsene sich zu ihrer natürlichen Autorität bekennen und sich in faire und konstruktive Auseinandersetzungen mit Kindern einlassen und dafür sorgen, dass die persönliche Würde aller Beteiligten gewahrt bleibt.

Müssen Kinder folgen?

Schließlich möchten wir sie doch nicht zu Untertanen und Befehlsempfängern erziehen, sondern zu selbstbewussten und willensstarken Persönlichkeiten, die sich im Leben durchsetzen können. In Anbetracht dessen stellt sich die Frage, ob es uns überhaupt zusteht, von Kindern Gehorsam zu verlangen. Wir wollen den Willen des Kindes ja nicht brechen! In vielen Eltern kommen Zweifel auf, ob sie dieses Ansinnen überhaupt einfordern dürfen. Es löst Aversionen aus, weil es dem eigenen Ideal von Freiheit und Unabhängigkeit widerspricht oder weil manche das Leid der Unterdrückung aus eigener bitterer Erfahrung kennen und ihren Kindern nicht antun wollen.

Die moderne Psychologie der vergangenen Jahrzehnte hat sich für die Rechte der Kinder stark gemacht und bei vielen Eltern ein Bewusstsein dafür geschaffen, ihren Kindern Respekt und Wertschätzung entgegenzubringen und sie in der Entfaltung ihrer Individualität zu fördern. Das ist das Positive. Wenn wir Kinder von klein auf als gleichberechtigte Partner anerkennen, können wir sie besser zur Mitarbeit motivieren und viele Machtkämpfe vermeiden, lautet die These. Daher wollen moderne, bemühte Eltern möglichst auf Autorität verzichten.

Kinder sind gleichwertig, aber nicht gleichberechtigt

Doch was antworte ich meinem Nachwuchs, wenn er auf mein Verbot, einen bestimmten Film anzusehen, argumentiert: „Aber du siehst dir doch auch an, was du willst!“ Als Gleichberechtigte dürfte ich ihm doch keine Vorschriften machen!

Meine Ansicht lautet: Kinder sind gleichwertig, aber nicht gleichberechtigt. Sie haben das gleiche Recht, ebenso mit Würde und Wertschätzung behandelt zu werden wie Erwachsene, aber sie haben nicht dieselben Rechte und Pflichten. Eigentlich selbstverständlich, oder?

Unsicherheit in Autoritätsfragen

Kinder spüren diese Unsicherheit und werden zunehmend übermütig, unfolgsam, widerspenstig, ja sogar boshaft. Manchmal entsteht der Eindruck, als hätte sich die junge Generation gegen die ältere verschworen. Nichts wird angenommen, viel gefordert.

Auch noch so liberale Eltern fühlen sich nicht ernst genommen, wenn ihre höfliche Bitte, die Füße vom Stuhl zu nehmen, ignoriert wird, oder das Kind nicht zu motivieren ist, sich endlich anzuziehen. Tägliche Abläufe werden zum Spießrutenlauf, die Nerven liegen blank und die Freude am Nachwuchs geht verloren, wenn der Alltag nur als Kampf erlebt wird.

Später wird auch in wichtigeren Dingen nicht auf Eltern und Erzieher gehört, wenn es darum geht, Pflichten zu erfüllen, Vereinbarungen einzuhalten, Drogen zu meiden etc. Eine chaotische Generation wächst heran, egoistisch, willkürlich, aber gar nicht so willensstark, wenn es darum geht, eigene Ziele zu finden und Ausdauer und Willensstärke zu beweisen, um sie zu erreichen. Draußen im Leben wird ihnen nicht mehr überall nachgegeben, sondern sie sind dem rauen Wind der Gesellschaft ausgesetzt, die Jugendliche ablehnt, wenn sie sich nicht integrieren können. Oft flüchten sie dann in die Scheinwelt der Ablenkungen, der Drogen oder gar in psychische Krankheiten. Eltern müssen ihren Kindern mitgeben, was sie brauchen, um sich im Leben zu orientieren.

Kinder haben ein Recht darauf, Eltern respektieren zu können

Kinder verlieren den Respekt, wenn sie zu ihren Eltern nicht aufschauen können, weil sie sie als schwach und hilflos erleben. Damit sind Kinder zutiefst überfordert: Manche Kinder werden aus Mitleid depressiv, die meisten aber reagieren aggressiv und es kommt gar nicht so selten vor, dass Kinder ihre Eltern beschimpfen und schlagen – eigentlich aus tiefer Verzweiflung.

Der Wille der Kinder formt sich am Willen der Eltern, die um die wahren Bedürfnisse der Kinder wissen, zu ihren elterlichen Pflichten und ihrer Autorität stehen und ihren Kindern vermitteln: Wir hören aufeinander – ich auf deine Gefühle und Bedürfnisse, du auf mein Wort.

Elina will zeichnen

Tante Berta will Notizen machen und bittet Elinas Mutter um einen Kugelschreiber. Danach reicht sie ihn wieder zurück. Elina (2) auf Mamas Schoß will den Kuli haben und versucht, ihn der Mutter aus der Hand zu ziehen. Die Mutter verweigert, Elina fängt unwillig an zu kreischen.

Rasch entschlossen steht die Mutter auf, legt den Kuli auf seinen Platz zurück und sagt: „Elina, wir haben eine Vereinbarung: Wenn du zeichnen willst, hast du deine eigenen Stifte und Papier." Bei diesen Worten holt sie die erwähnten Dinge: „Und hier ist auch noch deine Schreibunterlage." Sie richtet alles her und setzt Elina auf ihren Stuhl: „So, und jetzt kannst du uns etwas Schönes zeichnen!" Elinas Zorn ist verflogen, bevor er noch richtig begonnen hat und sie fängt voller Eifer an, ans Werk zu gehen. Die Szene dauerte kaum mehr als eine Minute und die Erwachsenen können in Ruhe ihr Gespräch fortsetzen.

Augenblicksbedürfnisse und Entwicklungsbedürfnisse

Ich bewundere die Führungskompetenz der Mutter, die ganz direktiv und ohne Diskussionen ihre elterliche Autorität ausübt. Dabei hat sie nicht dem augenblicklichen Bedürfnis des Kindes („Ich will diesen Kuli!") sondern seinem Entwicklungsbedürfnis (Nachahmung und Kreativität) Rechnung getragen. Offensichtlich wurde dem Kind bei anderer Gelegenheit erklärt, dass Zeichnen OK ist, aber nur mit bestimmten Stiften und mit Schreibunterlage. Die Mutter ist auch klug genug, das Schreibzeug in Reichweite aufzubewahren, sodass es bei Bedarf rasch verfügbar ist.

Wie oft erlebe ich in ähnlichen Situationen Erwachsene, die sich von den Launen des Kindes dirigieren lassen, um dann, wenn die Situation eskaliert, das Kind zu beschimpfen: „Kannst du nicht endlich Ruhe geben!", „Du bist aber eine Nervensäge!" und erst recht autoritär zu werden: „So, jetzt reicht's, her damit!" Das Heulkonzert ist die logische Folge. Andere wieder unterdrücken das kindliche Bedürfnis durch ein schroffes und verständnisloses Abblocken vom Start weg.

Elinas Mutter hingegen gibt zu verstehen, dass nicht alles erlaubt ist und Kreischen nichts bringt. Doch das Bedürfnis des Kindes wird ernst genommen und der Konflikt in einen Erfolg verwandelt.

Der Aufstand im Supermarkt

Gestresst nach einem langen Arbeitstag, mit vollem Einkaufswagen, Ihren 4-jährigen Nachwuchs obenauf, gelangen Sie endlich zur Kassa und stehen in der Schlange. Ihr Kind, zunehmend quengelig, will auch noch das Spielzeugauto, das es in der schönen Verpackung direkt vor seiner Nase anlacht. „Mama, ich will dieses Auto!“ Ihren Einwand „Du hast doch schon so viele“ nimmt es gar nicht ernst und beharrt darauf: „Ich will aber!“ Auf Ihr: „Nein, Markus, das geht heute nicht!“ folgt ein ohrenbetäubendes Gebrülle. Sie versuchen verzweifelt, ihn zu beruhigen. Aller Augen sind auf Sie gerichtet. Sie spüren die verächtlichen Blicke der einen, die zu sagen scheinen: „Mein Gott, ist die unfähig!“, die mitleidigen Blicke der anderen mit den klugen Ratschlägen: „Wissen Sie, an Ihrer Stelle würde ich…“ In einem solchen Moment würden Sie am liebsten im Boden versinken, Ihren Liebling an die Wand knallen oder ähnliches. Schließlich geben Sie nach, damit endlich Ruhe ist: „Na gut, das ist aber das letztemal, dass ich dir ein Auto kaufe! Versprichst du mir, nächstesmal brav zu sein?“

Nachgeben ist problematisch

Dieser Aufstand ist somit beendet, aber in Ihnen bleibt ein Gefühl hilfloser Resignation. Der nächste ist vorprogrammiert. Wieder an der Kassa angelangt, erinnert sich Markus gar nicht mehr an sein treuherziges Versprechen. Der Erfolg gab ihm schließlich Recht, so weiterzumachen wie bisher. Ein auswegloser Teufelskreis?

Zu Ihrer Beruhigung: Solche Szenen gehören nun einmal zum ganz normalen Erziehungsalltag. Dass Ihr Kind seine Wünsche klar äußert und versucht, sich durchzusetzen, ist ein Zeichen dafür, dass es ein gesundes Ego hat. Außerdem hat es Vertrauen zu Ihnen, sonst wäre es nicht so ungeniert offen und direkt, wie Kinder nun einmal sind.

Lassen Sie sich nicht unter Druck setzen!

Und die Leute um Sie herum? Wie peinlich! Hat man uns doch beigebracht, wie wichtig anderer Leute Meinung ist. Viele von uns halten es nur schwer aus, in den Augen anderer schlecht dazustehen. Die Reaktionen anderer ernst zu nehmen, kann schon sehr hilfreich sein, weil es uns dabei unterstützt, blinde Flecken zu erkennen und rücksichtsvoll und selbstkritisch zu handeln. Diese Tugenden sollten Sie aber nicht daran hindern, Probleme selbstbewusst auf Ihre Art und Weise zu lösen, wie es eben hier im Supermarkt angebracht ist.

Wenn ich (Sie werden es erraten) empfehle, Ihrem Kind gegenüber verständnisvoll und einfühlsam zu sein, heißt das nun, nachzugeben? Ganz und gar nicht! Grenzen setzen ist angebracht.

Verständnis zeigen und Klarheit schaffen

Wie schon erwähnt, ist es wichtig, dass Sie sich nicht unter Druck setzen lassen, weder von Ihrer Umwelt, noch von Ihrem Kind. Ihre erste Reaktion sollte aber nicht in einem Sachargument („Du hast ja schon so viele"), sondern in aktivem Zuhören bestehen. Dies vermittelt Verständnis und Einfühlungsvermögen und hilft Ihrem Kind gleichzeitig, seinen Wunsch selber kritisch zu hinterfragen. Konkret könnte Ihre Antwort so lauten: „Du möchtest also unbedingt dieses Auto…" (sogenanntes Spiegeln ohne eigenes Werturteil), worauf das Kind seinen Wunsch wahrscheinlich noch unterstreicht: „Ja, es gefällt mir so gut." Jetzt leiten Sie es an, zu hinterfragen: „Und die vielen anderen Autos, die du zu Hause hast, gefallen sie dir denn nicht mehr?" – „O ja, aber dieses ist super!" Zeigen Sie Verständnis: „Irgendwie kann ich ja verstehen, dass dir auch dieses gefällt!" – „Ja, Mama, kann ich es haben?" Jetzt sollten Sie unmissverständlich Klarheit schaffen: „Nein, ich kann dir nicht jedes Auto kaufen, das dir gefällt." Wenn Ihr Kind spürt, dass es verstanden und ernst genommen wird, ist sein wichtigstes Bedürfnis, Aufmerksamkeit, bereits gestillt und es wird bereit sein, einzulenken („Na gut, dann also nicht!") oder selber mit einem brauchbaren Vorschlag kommen: „Spielen wir dann mit den Autos, wenn wir nach Hause kommen?" oder „Bekomme ich zu meinem Geburtstag wieder eines?" oder „Kann ich stattdessen einen Schokoriegel haben?" Verhandeln Sie mit Ihrem Kind, aber lassen Sie sich nicht von ihm am Gängelband ziehen. Den feinen Unterschied werden Sie mit etwas Übung bald deutlich spüren.

Bleiben Sie konsequent!

Zeitweilig sind Kinder auch dann noch uneinsichtig, wenn Sie bereits alle Regeln der Kunst befolgt haben (speziell dann, wenn Ihr Kind bislang eher verwöhnt war oder gerade heute schlecht aufgelegt ist). Dann hilft nur eine klare Ich-Botschaft. „Ich verstehe, dass es ganz schlimm für dich ist, dass du das jetzt nicht haben kannst. Mir geht es auch manchmal so – aber für mich ist es sehr schwer, mit dir gemeinsam einkaufen zu gehen, wenn du jedesmal etwas Neues willst!" Kleiner Trost: „Bald sind wir zu Hause und dann kannst du..." Wenn Ihr Kind weiter brüllt, dann lassen Sie es einfach brüllen – es ist egal, was die Leute denken. Nur verlieren Sie nicht die Nerven: Schimpfen, Drohen, Schlagen ist überflüssig und provoziert Trotzreaktionen. Nehmen Sie es sanft in die Arme (wenn es dies in seinem Zorn zulässt) oder reichen Sie schweigend ein Taschentuch. Dann gehen Sie zu anderen Themen über.

Vereinbarungen treffen

Wichtig ist es, zu Hause nochmal in Ruhe über das Thema zu reden und mit dem Kind zu vereinbaren, was es bekommen kann und was nicht und welches Verhalten Sie von ihm erwarten. Erinnern Sie es daran, bevor Sie das Haus verlassen und das Geschäft betreten und würdigen Sie sein Bemühen. Eine Zeit lang kann es auch helfen, den Erfolg zu dokumentieren, bis das gute Benehmen zur Gewohnheit geworden ist. Schaffen Sie einfach gute Voraussetzungen, die das Kind motivieren, freudig zu kooperieren.

Ihr Kind lernt Verzicht und Frust ertragen – ein wichtiges Erziehungsziel

Wenn Sie verständnisvoll und konsequent sind, wird Ihr Kind lernen, dass Verzichten zum Leben dazugehört und damit zurechtkommen. Außerdem: Kinder fühlen sich bei Eltern geborgen, die es verstehen, Grenzen zu setzen und haben für sie auch mehr Achtung. Sie werden sehen: Die Szenen im Supermarkt werden sich, wenn überhaupt, weniger häufig und weniger heftig wiederholen, weil das Kind daraus gelernt hat, dass die Strategie „Ich brülle, bis ich bekomme, was ich will!" keinen Erfolg bringt.

Wenn Ihr Kind nicht hören will

Damit Ihr Kind auf Sie hört, sind zwei Dinge zu beachten: Es muss selber erleben können, dass es für seine Eltern wichtig ist, dass ihm Aufmerksamkeit geschenkt wird, dass es mit seinen kleinen und großen Sorgen ernst genommen wird. Der zweite wesentliche Punkt ist, dass Sie darauf achten müssen, dass umgekehrt auch Ihr Kind Sie ernst nimmt.

Meiden Sie Drohen, Schimpfen, Strafen…

Bemühen Sie sich, autoritäre Maßnahmen wie Drohen, Schimpfen oder Strafen zu vermeiden. Lachen Sie ruhig mit Ihrem Kind, seien Sie sein Vertrauter, sein Freund und gelegentlich sein Spielkamerad. „Ja, aber wie verschaffe ich mir Respekt, wenn mein Kind übermütig und unfolgsam ist?“ Wenn Sie z.B. Ihrem vierjährigen Maxi zurufen: „Komm, räum jetzt deine Spielsachen ein!“, werden Sie womöglich glatt ignoriert. Sie wiederholen Ihre Bitte zwei- bis dreimal und werden ungehalten, Ihre Geduld ist dahin. Es regnet Du-Botschaften wie „Mein Gott, kannst du denn nie folgen?“ oder „Du bist aber ein Trödler!“ Vielleicht seufzen Sie lediglich und machen es lieber selber. Unbewusst denkt sich Ihr Kind: „So wichtig kann das nicht sein, was mir Mama/Papa da sagt!“ Oder es regt sich sein innerer Widerstand wegen der Beleidigungen.

So verschaffen Sie sich Respekt!

Besser wäre es, zu Ihrem Kind hinzugehen und seine Aufmerksamkeit einzufordern: „Du, Maxi, ich muss dir etwas sagen!“ Warten Sie darauf, dass er aufschaut, Sie anblickt und sagt: „Ja, Mama?“ Wenn nicht, wiederholen Sie: „Du, ich muss mit dir reden!“ Wenn Sie seine Aufmerksamkeit haben, sagen Sie kurz und bündig: „Es wird jetzt Zeit, einzuräumen!“ Nehmen Sie seine Einwände ernst: „Ich möchte den Turm noch fertig bauen!“ (Die 5 Minuten, die Kinder dazu brauchen, etwas fertig zu machen und sich auf eine neue Situation einzustellen, haben Sie besser vorher schon eingeplant). Sie: „Gut, ich komme in 5 Minuten wieder!“ oder dergleichen. Wenn Sie wiederkommen und noch nicht eingeräumt ist, wiederholen Sie Ihre Bitte. Legen Sie Wert auf seine Zustimmung („Ja, ich fang schon an!“) und achten Sie darauf, dass Ihr Kind Ihre Aufforderung in die Tat umsetzt. Bei manchen Kindern ist es nötig oder hilfreich, mitzuhelfen, nicht aber, ihnen die Arbeit abzunehmen. Aktivieren Sie Ihr Kind: „Sag mir, wo das hingehört!“ oder „Schauen wir mal, wer schneller damit fertig ist!“ Seien Sie kreativ: „Wo hat denn die Puppe ihren Schlafplatz?“ und ähnliches. Loben Sie es, wenn die Arbeit getan ist, oder schon allein die ehrliche Bemühung.

„Wegen jeder Kleinigkeit möchte ich nicht so ein ‚Zeremoniell‘ veranstalten!“ werden Sie vielleicht sagen. Am Anfang mag eine solche Vorgangsweise ungewohnt oder manchen sogar lächerlich erscheinen. Aber bedenken Sie: Ihr Vorgehen beruht auf gegenseitiger Achtung und aktiviert die Bereitschaft zur Zusammenarbeit. Außerdem haben Sie die Zustimmung des Kindes eingeholt. Wenn es dann noch immer nicht folgt, haben Sie ein gutes Argument in der Hand. „Du hast mir doch versprochen, einzuräumen! Jetzt tu es bitte auch!“ Sich auf solche Weise auf Ihr Kind einzulassen, kostet scheinbar einiges Ihrer wertvollen Zeit, die Sie aber auf Dauer gesehen um ein Vielfaches wieder einbringen. Denn Ihr Kind gewöhnt sich daran, Ihren Bitten nachzukommen, immer leichter und selbstverständlicher. Außerdem ersparen Sie sich Schimpfen und unfruchtbare Diskussionen, die Ihr Kind widerspenstig und aufmüpfig werden lassen.

Ihr entschiedenes, aber verständnisvolles Vorgehen lässt Ihr Kind Sicherheit und Geborgenheit erleben und stärkt die Vertrauensbasis.

Der Vorstellungstermin

Die Mutter bereitet alles vor, um pünktlich zu ihrem Vorstellungstermin zu kommen. Als sie schon bei der Tür hinaus will, muss sie ins Bad zurück, weil klein Bernhard eine frische Windel braucht. Da kommt Silvia (4) und will eine andere Hose anziehen. Die Mutter meint, dass nicht mehr genug Zeit zum Umziehen sei, doch Silvia beginnt, sich umzukleiden.

Dickköpfchen

Die Mutter kennt das Dickköpfchen ihrer Tochter und will Streit vermeiden. Sie muss beim Wickeln unterbrechen, weil Silvia den Zipp nicht zukriegt. Bernhard, kurz unbeaufsichtigt, schüttet die Reinigungsmilch um. Jetzt verlangt Silvia nach den roten Sandalen: „Die blauen passen nicht dazu!" Die Mutter, hysterisch: „Nein, jetzt reicht's!" Unter Silvias lautem Protest verfrachtet die Mutter die Kinder in das Auto. Dort kann sie sich nicht länger beherrschen und schimpft drauflos. Ein verbales Donnerwetter ergießt sich über die heulende Silvia. Die Mutter erlebt sich selbst wie eine Furie. Sie hasst sich dafür. Was kann sie tun?

Grenzen ziehen, bevor die Situation eskaliert

Die Mutter darf nicht zulassen, dass ihr erster Einwand ignoriert wird. Oft genügt es, dass sie entschlossen wiederholt: „Ich habe nein gesagt!" oder der Tochter ins Zimmer nachgeht und sie freundlich konfrontiert: „Nein, Silvia, du kannst dich jetzt nicht umziehen. Wir haben es eilig!" Generell ist es eine schlechte Gewohnheit, wenn Kinder sich nach Lust und Laune mehrmals am Tag umkleiden, vor allem wenn sie dabei die Kleidung achtlos fallen lassen. Die Mutter muss

beharren: „Du hast dir selber die blaue Hose ausgesucht. Dabei bleibt es jetzt!“ Sollte sich Silvia noch immer widersetzen, vielleicht sogar toben, sollte sie wie angewurzelt vor ihr stehen bleiben und sie daran hindern, weiter zu machen: „Es bleibt dabei: Nein!“ Fest im Entschluss, verständnisvoll in der Durchführung: „Tut mir leid, jetzt nicht! Auch wenn es dir schwer fällt!“ Nun kann Ablenken helfen, am besten durch eine Aufgabe: „Komm und hilf mir! Ich muss noch deinen Bruder wickeln!“ Anerkennung geben: „Danke! Das war mir eine große Hilfe.“

Intensive Interaktion

Diese intensive Interaktion mit Silvia dauert 1 bis 5 Minuten, sicher aber nicht so lange wie die Eskalation vorher. Mit der Zeit gewöhnt sich Silvia daran, Mamas Anweisungen zu befolgen, was definitiv Zeit und Nerven spart. Wenn sie ihre Führungsposition behauptet, kann sie die liebevolle Mutter bleiben, die sie ihren Kindern sein will und ihnen das geben, was sie wirklich brauchen: Liebe und Halt.

„Darf ich bitte Zeitung lesen?“ Oder: Um Erlaubnis fragen?

„Darf ich bitte Zeitung lesen?“, fragt die Mutter mit unsicherer Stimme, nachdem Tamara mehrmals raunzend „Mama, Maamaaa!“ von sich gegeben hat: „Erzähl mir eine Geschichte!“ Mutter: „Besprechen wir das später?“ Tamara: „Aber mir ist so fad!“ Mutter: „Spiel mit deiner Schwester!“ Tamara: „Aber die will nicht!“ Mutter: „Nimm deine Lego-Steine!“ Tamara: „Kann ich was zum Naschen haben?“ Mutter: „Nimm dir was aus der Lade!“ Tamara: „Die ist mir zu hoch!“ Mutter: „Ich geb dir was und dann darf ich Zeitung lesen?“ Tamara: „Na gut!“

Konsumersatz statt Aufmerksamkeit und Grenzen

Was stimmt eigentlich nicht an diesem Dialog? Tamara gibt erst Ruhe, nachdem sie „gekauft“ wurde. Die Mutter ist weder auf die Gefühle und Bedürfnisse der Tochter eingegangen, noch auf die eigenen. Langeweile macht Naschappetit. Konsumersatz statt Aufmerksamkeit und Grenzen! So wird Suchtverhalten antrainiert. Ein weiterer Aspekt: Muss die Mutter wirklich um Erlaubnis fragen? Sollte es nicht umgekehrt sein? Zu Tamaras Langeweile: Das ist ihr Problem! Lassen wir sie es selber lösen, anstatt sie zu bevormunden! Das macht kreativ und stark.

Eigene Bedürfnisse ernst nehmen

Eltern sollen die Wünsche und Einwände ihrer Kinder ernst nehmen und Verständnis zeigen, aber um Erlaubnis fragen brauchen sie nicht! Würde Ihr Chef Sie fragen „Darf ich meine Zeitung lesen?“ oder: „Darf ich jetzt nach Hause gehen?“ Würden Sie ihn ernst nehmen? Das klingt doch peinlich! Und wenn wir selber nicht zu unseren Bedürfnissen stehen: Wie können wir erwarten, dass es andere tun, insbesondere unsere Kinder? Vor allem Mütter haben oft das Problem, dass sie nicht deutlich und bestimmt genug sagen, was sie wollen und sich dann wundern, wenn sie ignoriert werden und ihre Kinder rücksichtslos und fordernd sind.

Klarheit schaffen, Verständnis zeigen, Vereinbarungen treffen

Eine der möglichen konstruktiven Alternativen: „Mamaaa, erzähl mir eine Geschichte!“ Mutter: „Ich möchte jetzt Zeitung lesen!“ Tamara: „Mir ist so langweilig!“ Mutter: „Überleg dir, was du tun kannst. Mir ist wichtig, diesen Artikel jetzt fertig zu lesen. Kannst du das verstehen? Du möchtest auch nicht mitten drinnen aufhören, oder?“ Tamara: „Ja schon, aber danach? Kannst du mir danach eine Geschichte erzählen?“ Mutter: „Danach muss ich kochen. Aber du kannst mir helfen. Und dabei erzähle ich dir eine Geschichte. Was hältst du davon?“ Tamara: „Fein, Mama!“

Wenn Eltern Führungskompetenz und Verständnis zeigen, fühlen sich Kinder gut – sie kooperieren gerne, und die lästige Raunzerei verschwindet wie von selbst.

Gereizt in der U-Bahn

Eine junge Mutter steigt ein, drückt ihrer im Kinderwagen sitzenden knapp 3-jährigen Tochter ein Heftchen mit Pickerln in die Hand und macht sich daran, die U-Bahn-Zeitung zu lesen. Das Kind, eifrig beschäftigt, lässt einige Kleberreste zu Boden fallen. Die Mutter pfaucht: „Jetzt pass doch auf!" Und hebt sie auf. Nach kurzer Zeit landen wieder welche am Boden, worauf die Mutter ihrer Tochter auf die Finger klopft und ihr das Heftchen aus der Hand reißt. Getöse. Hat sich das Kind diese Behandlung verdient?

Moderne Alltagshektik

Die Mutter, entschuldigend zu mir: „Das geht schon den ganzen Tag so!" Ich: „Das wundert mich nicht, denn Sie wirken ziemlich gereizt!" Der Alltag mit Kindern ist bestimmt nicht leicht! Aber es hängt auch von unserer Einstellung ab, ob ich Geduld und Aufmerksamkeit entgegenbringe oder ihre kindlichen Bedürfnisse als reine Belästigung empfinde.

Konkret anleiten statt schimpfen

In der geschilderten Szene muss ich mir überlegen: Eignet sich das Spielzeug für mein Kind? Und für die jeweilige Situation? In diesem Fall hätte es vielleicht gereicht, dem Mädchen zu zeigen, wohin es die Abfälle geben soll. Kinder brauchen weniger Verbote und Ermahnungen, dafür mehr klare und freundliche Anleitung. Die Mutter hätte ihr auf die Finger schauen und sie loben sollen. Erst wenn sie sich überzeugt hat, dass das Mädchen die Anweisung versteht und befolgt, kann sie sich ihrer Zei-

tung zuwenden. Wenn nicht, könnte die Mutter eine Alternative anbieten oder eine Geschichte erzählen.

Sich herzlich mit Kindern beschäftigen

Noch ein Aspekt: Vor lauter Alltagsverrichtungen bleibt oft wenig Zeit, sich herzlich mit unseren Kindern zu beschäftigen. Die Fahrt in der Straßenbahn, im Auto oder die Zeit in einer Warteschlange kann dazu eine gute Gelegenheit bieten, anstatt gelangweilt und genervt oberflächliche Materie zu konsumieren oder Löcher in die Luft zu starren.

Wenn wir uns bemühen, jedem Moment in unserem Leben Qualität zu schenken, geht die Sonne auf. Unsere Kinder spüren und danken es mit guter Laune und gutem Verhalten.

Grenzen mit Ambivalenzen – Zweideutige Botschaften

Die Mutter geht mit einer Freundin und Sohn Erich (7), im Wald spazieren. Anscheinend ist er eifersüchtig, obwohl man sich vorher mit ihm unterhalten und einige Spiele gespielt hat. Jetzt wollen sich die beiden Damen dem eigenen Gespräch widmen.

Widersprüchlich: „Nein" sagen und „Ja" tun

Da will Erich auf einen tief herunter hängenden, starken Ast klettern. Die Mutter hat nichts dagegen, aber er muss es alleine schaffen, so weit er eben kommt. Sie will ihm jetzt nicht wieder helfen, er sei doch schon ein großer Bub. Erich gibt sich nicht zufrieden: „Komm, hilf mir, ich schaff das nicht!" „Aber das schaffst du schon und außerdem möchte ich mich jetzt unterhalten." Während sie also nein sagt, steht sie neben ihrem Sohn und bietet ihm eine Hand zur Stütze. Erich gibt weitere Instruktionen, welche die Mutter zwar verbal ablehnt, aber trotzdem durchführt, wenn auch nur unkonzentriert und widerwillig, mit dem Hinweis darauf, wie lästig er sei.

Was wird Erich daraus lernen? Unbewusst, doch bestimmt: a) Die Mutter meint nicht, was sie sagt, b) Wenn ich lang genug insistiere, tut sie doch, was ich will, c) Meine Bedürfnisse sind wichtiger als ihre, sonst würde sie nicht dauernd nachgeben.

Eine alltägliche, aber verzwickte Geschichte voller Ambivalenzen und zweideutiger Botschaften. Wie soll sich Erich da auskennen? Die Mutter sagt nein, tut es aber doch, um ihm hinterher Vorwürfe zu machen. Solche „Erziehungsmaßnahmen" fördern kindlichen Egoismus und Zwiespalt, aber kein gesundes Selbstwertgefühl!

An diesem Beispiel sehen wir deutlich, wie wichtig es ist, klar zu kommunizieren, sodass Wort und Tat übereinstimmen. Den eigenen inneren Ambivalenzen auf die Spur zu kommen, hat mit Selbsterkenntnis und Einsicht zu tun, sie zu verändern, mit Selbstüberwindung und Disziplin. Wenn wir Kinder erziehen, sind wir immer auch aufgefordert, uns selber zu erziehen und Kritik und Einsicht zuzulassen.

„Mama, urcool – du bist ja richtig streng!“

„Setz die Haube auf und mach die Jacke zu, es ist kalt!“ Nach dieser klaren und knappen Anweisung wartet die Mutter kurz und schweigend und staunt nicht wenig, dass ihr 7-jähriger Niko, anders als an anderen Tagen, an denen sie sich den Mund „fusselig“ geredet hatte, ihrer Aufforderung prompt nachkommt und anerkennend meint: „Mama, urcool, du bist ja richtig streng!“

In der kalten Jahreszeit können viele Eltern ein Lied davon singen, wie mühsam es ist, ihren Nachwuchs dazu zu bewegen, die nötigen Vorkehrungen zu treffen – denn „Jacke zu, Haube auf“ gehören heutzutage nicht zum „coolen“ Gehabe von Kindern und Jugendlichen. Die „Kinder lernen aus den Folgen“-Methode funktioniert auch nicht immer optimal, wenn man merkt, dass sie es nach der dritten Bronchitis noch immer nicht kapiert haben.

Elterliche Autorität wirkt anziehend

Zurück zu autoritären Maßnahmen? Nein, aber zu einem klaren Bekenntnis zu stimmiger elterlicher Autorität. Das beinhaltet das Risiko, sich beim Kind vorübergehend unbeliebt zu machen. In unserem Beispiel ist das Gegenteil der Fall. Die Haltung der Mutter imponiert dem Sohn mehr als langwierige Erklärungen, Debatten, Überredungskünste, die zum Widerspruch förmlich einladen, weil sie Unsicherheit ausstrahlen. Kinder möchten in manchen Situationen spüren: „Meine Mutter (oder mein Vater) weiß, was gut für mich ist. Meine Mutter kann sich durchsetzen.“ Das gibt Sicherheit, das gibt Halt.

In anderen Situationen, auch wenn sie ähnlich scheinen, kann ein ganz anderes Vorgehen stimmig und zielführend sein.

Wie vermeide ich nun, mich lächerlich zu machen nach dem Motto „Ein Pulli ist das, was Kinder anziehen, wenn Mama friert?“ Durch Überfürsorge oder autoritäres „Drüberbügeln“ den Konflikt womöglich erst recht anzuheizen? Indem ich sowohl auf mein Kind als auch auf meine innere Stimme höre.

Menschen wollen geliebt werden.
Wenn nicht geliebt, dann bewundert.
Wenn nicht bewundert, dann gefürchtet.
Wenn nicht gefürchtet, dann gehasst und verachtet.
Die Seele friert in der Leere und will Kontakt – um jeden Preis.

Kapitel 6

Kindliche Provokationen

Das Schwierige an kindlichen Provokationen ist, dass sie uns emotional erschüttern, weil wir uns persönlich angegriffen oder in Frage gestellt fühlen.

Sie sind eine Herausforderung zum Machtkampf oder Ausdruck kindlicher Not – oder beides zugleich.

Eltern tun gut daran, die Provokationen ihrer Kinder nicht persönlich zu nehmen, dafür aber umso aufmerksamer auf die dahinter liegenden Frustrationen zu achten und ihre Kritik auch ernst zu nehmen. Wenn wir es verstehen, kompetent auf Provokationen zu reagieren, enthalten diese sehr viel Potenzial, Konflikte zu bereinigen und Vertrauen wiederherzustellen.

Kinder haben ein Gespür für unsere Schwächen. Je mehr wir versuchen, sie zu vertuschen, umso stärker rütteln sie daran. Da hilft nur eines: Ehrliches Bemühen und Authentizität.

In manch schmerzlichen Erfahrungen spüren wir am deutlichsten, wie sehr Liebe und Respekt zusammen gehören – für beide Seiten.

Wenn Helmut droht

Die Mutter ist besorgt, weil der 4-jährige Helmut, sonst ein lieber Junge, sich des Öfteren am Ton vergreift. Wenn er nicht bekommt was er will, fängt er an zu drohen und manchmal schreitet er sogar zur Tat: „Dann mache ich dir den Teller kaputt!“ oder „Dann haue ich dir den Kachelofen zusammen!“ Die Mutter will den Konflikt nicht verschärfen. Sie ignoriert seine Aussage und lenkt ab. Ein anderesmal erklärt sie ihm die Notwendigkeit der Dinge, und dass Kaputtmachen nicht die richtige Lösung sei. Dennoch lässt Helmut nicht ab von seiner Unart.

Kindlicher Machtkampf

Wo ist das Problem? Mit seinen Drohungen will Helmut auf kindliche Art wissen, wie weit er gehen und viel Macht er ausüben kann. Er lässt sozusagen, psychologisch gesehen, seine „Muskeln spielen“. Zwar kann das geduldige und standhafte Verhalten der Mutter den Konflikt entschärfen, aber es ist mühsam und irritierend. Wenn Eltern um des „Friedens willen“ nachgeben und sich unterwerfen, kann ein Kind sogar echte Verhaltensstörungen entwickeln.

Warum Erklärungen nicht ausreichen

Was ist zu tun? Ignorieren oder Erklärungen geben (Sachebene) reicht nicht aus. Die Mutter darf sich nicht scheuen, die Sache auf den Punkt zu bringen und das Problem dort anzusprechen, wo der Knackpunkt liegt: Auf der Ebene des Respekts. Helmut muss wissen: Drohungen sind nicht OK. Kinder dürfen ihren Eltern nicht drohen (umgekehrt aber bitte auch nicht)!

Die Sache auf den Punkt bringen

Daher ändert die Mutter ihre Taktik und fragt bei nächster Gelegenheit ernst: „Du drohst mir?!“ Helmut ist sprachlos und gibt kleinlaut bei: „Nein.“ Damit ist der Konflikt erledigt. Ein anderesmal sagte die Mutter entschlossen: „Du drohst mir nicht! Komm, wir gehen Zähneputzen!“ Und es gab keine Widerrede mehr. Helmut hat kapiert und droht nicht mehr.

Oft scheuen sich Eltern, Dinge direkt anzusprechen, weil sie nicht wahrhaben wollen, dass dies ein Machtspielchen ist oder weil sie die Auseinandersetzung scheuen. Manche meinen, das Kind verstehe es noch nicht. Das ist eine Fehleinschätzung. Durch seine Inszenierung beweist Helmut, dass er sehr wohl versteht, auf kindliche Art – intuitiv und unbewusst. Kinder wollen sich durchsetzen und wissen, wie weit sie gehen können. Eltern müssen sie in ihre Schranken weisen – verständnis- und liebevoll.

„Jetzt such ich mir eine andere Familie!“

Nicht selten geben schmollende Kinder solche Sätze von sich, wenn sie ein Verbot nicht akzeptieren wollen oder etwas nicht durchsetzen können. Zur Beruhigung: Solche Sätze sagt ein Kind nur, wenn es sich der Liebe seiner Eltern und seiner Wichtigkeit in der Familie sicher ist. Alfred (5) möchte auf kindliche Weise Druck ausüben, weil er intuitiv spürt, dass er damit Betroffenheit und Schuldgefühle auslösen kann – damit die Eltern nachgeben.

Manche Eltern kontern locker oder beleidigt: „Wenn sie dich nehmen…“ oder „Von mir aus kannst du gehen, wohin du willst…“ Hier spürt das Kind Gleichgültigkeit. Andere erwidern böse: „Das ist doch die Höhe!“ oder „Du bist eine Nervensäge!“ Hier verspürt es Ablehnung.

Andere meinen beschwichtigend: „Nein, bleib, du bist gleich an der Reihe!“ oder „Hier hast du!“ Mit ihrer Nachgiebigkeit ermutigen Sie das Kind, die Strategie beizubehalten – bei gleichzeitigem Autoritätsverlust.

Was braucht das Kind? Zum einen die Festigkeit der Eltern, die nicht so mit sich verfahren lassen, zum anderen aber darf die Beziehungsbasis (Liebe, Annahme, Bindung) nicht beschädigt und auch nicht in Frage gestellt werden.

Auf den Widerstand eingehen, z.B.:

Mutter: „Bist du so sauer, weil du diesen Film nicht sehen darfst?“ (Verständnis) – Kind: „Ja weil…“ – Mutter: „Kann ich verstehen. Aber weißt du, dieser Film ist nur für Große“ (Erklärung). Wenn, wie in diesem Beispiel, die Bindung und die Autorität in Frage gestellt wurden (wenn auch nicht bewusst und nicht wirklich ernst gemeint, und vielleicht auch, um sich neuerlich der Zuneigung der Eltern zu vergewissern) sollten Sie unbedingt versichern: „Du bist unser liebes Kind. Wir gehören zusammen, auch wenn es manchmal Streit gibt.“ Eventuell auch schnippisch, aber nicht zynisch: „Ich hab mir dich auch nicht im Versandhauskatalog ausgesucht. Wir sind eine Schicksalsgemeinschaft. Ich bin deine Mama, und du bist mein liebes Kind. Deshalb mag ich nicht, wenn du mit solchen Sätzen kommst.“ Erst wenn die Beziehungsbasis gefestigt ist, kann eine Grenze untermauert oder nach einer neuen Lösung für das aktuelle Problem gesucht werden.

Kindliche Bemerkungen wie diese braucht man nicht zu dramatisieren, aber ignorieren oder übergehen sollte man sie auch nicht. Sonst gewöhnt sich das Kind daran, respektlos zu sein.

„Soll ich dich schlagen?“

Wenn die Mutter Lukas (4) etwas verbietet, reagiert er nicht selten mit diesem Satz. Sie nimmt es nicht dramatisch, sondern antwortet: „Wir schlagen einander nicht!“ und geht zur Tagesordnung über. Sie verweist sozusagen auf die Familienregeln in einem Klima der Partnerschaftlichkeit. Manchmal ist es damit beendet, oft aber auch nicht.

Jedenfalls äußert er diese Drohung immer wieder, wenn er frustriert ist und sich durchsetzen will.

Unwirksame Strategien

Manche Eltern werten sie als pure Provokation und drohen aggressiv: „Willst du eine?!“ – mit oder ohne Vollzug und drehen damit an der Spirale der Gewalt. Die Sanften überhören das und lenken ab: „Komm, gehen wir spielen!“ Die Schwachen versuchen, Kinder zu „kaufen“: „Na, dann nimm dir halt ein Bonbon. Aber versprich mir…“ (der unwirksame Versuch, Schein-Autorität zu wahren).

Unbewusster Machtkampf und Provokation

„Wir schlagen einander nicht!“ passt, um Geschwisterstreit beizulegen. Doch Partnerschaftlichkeit reicht in dieser Situation nicht aus. Tatsächlich bietet Lukas den Machtkampf an, allerdings ohne sich dessen bewusst zu sein. Kinder wollen nun einmal wissen, wer der Stärkere ist, besonders dann, wenn Eltern Schwäche zeigen.

Die Ebenen des Respekts wahren

Deshalb gilt es, Klarheit herbeizuführen, zu hinterfragen statt zu reagieren – z.B. „Wie kommst du darauf?“ – oder anzusprechen, wie ich als Mutter oder

Vater mein Kind jetzt gerade wahrnehme: „Du ärgerst dich, dass du die Schokolade nicht haben darfst…“ Gefühle beschreiben hilft dem Kind, sich angenommen zu fühlen und selber zu verstehen. Nun muss Lukas sich rechtfertigen, nicht die Mutter! Schon allein dadurch gewinnt sie ihre Autorität wieder zurück. Und sie muss klarstellen: „Du darfst deiner Mama nicht drohen und sie schon gar nicht schlagen, auch dann nicht, wenn ich dir etwas verbiete!“ Manchmal sind klare Gebote und Verbote notwendig, nötigenfalls auch Konsequenzen. Immer aber müssen Eltern darauf achten, dass die „Ebenen des Respekts“ gewahrt bleiben. Das geht auch ohne Gewalt, mit Verständnis und Konsequenz – und gibt Kindern Halt und Sicherheit.

„Ätschi pätschi, du erwischst mich eh nicht!"

Als die Mutter hart bleibt und Herbert (6) nicht den gewünschten Schlecker kauft, schnappt er sich die Geldbörse und läuft davon. Auf ihr erzürntes „Komm sofort her!" gibt er schelmisch obigen Satz zur Antwort, worauf sie hilflos kontert: „Na warte!"

Kindliches Machtspiel

Herberts Reaktion ist eine Mischung aus spielerischem, kindlichem Schalk und spöttischer Respektlosigkeit, aus Spiel und Machtkampf. Außerdem kann er schwer akzeptieren, dass nicht all seine Wünsche erfüllt werden. Fast jedes Kind testet einmal die Grenzen auf solche Weise aus. Die Mutter kann weder das Baby noch die Einkäufe fallen lassen. Außerdem würde er das Nachlaufspiel erst recht genießen. Was tun?

Je ruhiger sie bleibt, umso besser. Entweder sie setzt sich ins Auto und wartet ab. Oder sie macht „Countdown" zum Wegfahren. Oder sie versorgt Baby und Einkäufe und sagt entschlossen: „Einsteigen!" Jedenfalls sollte die Mutter ruhig bleiben und abwarten, bis sie Herbert wieder unter Kontrolle hat oder die Möglichkeit, ihn zu schnappen.

Je echter der „heilige Zorn", umso besser

Vorteilhaft: Herbert an den Schultern halten und intensiven Blickkontakt aufnehmen, sodass er nicht ausweichen kann. Jetzt kann das „Donnerwetter" losgehen. Je echter der „heilige Zorn", umso besser – vorausgesetzt, Sie bleiben bei der Ich-Botschaft, ohne Beschimpfungen unter der „Gürtellinie".

Enden Sie etwa mit: „Verstehst du, dass das einfach respektlos und gefährlich war? Das kann ich nicht dulden!" Wenn Sie eine Strafe ankündigen, dann bleiben Sie konsequent! Es macht auch einen Unterschied, ob derartiges das erstemal passiert oder zum gängigen Muster gehört. Jedenfalls sind Sie in Ihrer Autorität gefragt. Die Verantwortung gehört ja auch Ihnen!

Führungskompetenz stärken

Zu ruhiger Stunde ist eine Nachbesprechung notwendig, bei der Herbert über seine Frustgefühle reden kann und die Mutter über ihre. Mit Verständnis und Ernst muss sie ihn zu Reue, Einsicht und dem Versprechen führen, nie mehr wieder so etwas zu tun. „Ich werde eine ganz strenge Mutter sein. Ich möchte nicht, dass dir etwas passiert und ich dulde nicht, dass du ein unfolgsamer Bub wirst. Dazu habe ich dich viel zu lieb! Verstehst du das?" Erinnern Sie vor dem nächsten Einkauf an die vereinbarten Regeln.

Die Mutter muss sehr darauf achten, dass ihre Autorität anerkannt wird, dass Herbert sie ernst nimmt und folgt – auch bei Kleinigkeiten. Sie muss dem Thema „Grenzen setzen" großes Augenmerk schenken, mit Konzentration und Konsequenz. Lieber streng sein und die Zügel kürzer nehmen, dafür mehr Zeit für Zuwendung, Aufmerksamkeit, Spiel und Spaß haben. Brav sein soll sich lohnen!

Die Schulhefte und der Respekt

Eine Mutter sitzt mit ihrem etwa 9-jährigen Sohn Hugo in der Straßenbahn. Offensichtlich haben sie eine Auseinandersetzung, da die Mutter die benötigten Hefte aufgrund eines Lieferengpasses nicht besorgen konnte. Sie versucht sich zu rechtfertigen, aber ihr Sohn hört nicht zu, beschimpft sie und lässt sie nicht ausreden. Verärgert kündigt sie Hausarrest an und schaut schmollend und starr aus dem Fenster. Er versteht nicht, warum er nun bestraft wird, denn immerhin hat ja sie die Schulhefte nicht besorgt. Mutter: „Weil du frech bist und auch vorher schon so böse warst."

Retourkutsche: Liebesentzug, Strafe, Abwertungen

Die Mutter hat es verabsäumt, rechtzeitig Grenzen zu setzen und lässt zu, dass sich ihr Sohn respektlos verhält. Als es ihr aber zu viel wird, macht sie ihn dafür verantwortlich, indem sie schmollt, ihn beschimpft und durch Hausarrest bestraft. Sätze wie „Weil du böse bist!" sind nicht dazu geneigt, Einsicht zu wecken – im Gegenteil, sie nageln fest! Rachegefühle werden geschürt und dem Sohn wird nicht vermittelt, sich selbst und seine Mutter zu achten. So entsteht ein Teufelskreis!

Verständnis statt Rechtfertigungen

Die Alternative? Die Mutter könnte durchaus Verständnis für den Unmut ihres Sohnes zeigen und erst dann eine Erklärung geben. Wenn er sich verstanden fühlt, wird er in der Lage sein, ihr zuzuhören. Das könnte sich z.B. so anhören: „Ich verstehe, dass du verärgert bist, aber die Lieferung war mir für heute zugesagt worden. Hast du eine Ahnung, wie wir das Problem nun lösen können?" Auch wenn sie Schuld hätte, gilt es Haltung zu wahren: „Es tut mir leid, dass ich es vergessen habe. Ich kann deinen Ärger verstehen." Wenn er auf diese Weise ernst genommen und in die Problemlösung eingebunden wird, kommt er wahrscheinlich erst gar nicht auf die Idee, die Mutter zu beschimpfen. Wenn doch, ist es wichtig, dies sofort anzusprechen und zu unterbinden: „Auch wenn es ein Problem gibt, steht es dir nicht zu, mich zu beschimpfen! Bitte versuch dich zu beherrschen! Überleg dir, was zu tun ist und reden wir zu Hause weiter" oder: „Ich mach dir einen Vorschlag…"

Sollte auch das nichts nutzen, muss sie konsequent handeln (z.B. aussteigen: „Ich nehme die nächste Straßenbahn!"). In einer ruhigen Minute kann sie ihrem Sohn tröstende Worte sagen und ihm erklären, dass es sie verletzt, wenn er sie beschimpft – aber seien Sie nicht Mitleid erregend! Damit sind Kinder überfordert.

Respekt gibt Halt

Besonders dann, wenn Sie sehr belastet sind, gilt es, die Nerven zu bewahren. Holen Sie sich Unterstützung, denn Szenen wie diese sollten nicht den Alltag mit Ihren Kindern prägen. Wenn das Beziehungsklima gehässig wird und Kinder die Achtung vor den Eltern und den Erwachsenen verlieren, wird Erziehung immer schwieriger und Sie verlieren den Einfluss auf Ihr Kind – das kann schon in wenigen Jahren gravierende Folgen haben.

„Blöde Kuh!"

Robin (6) holt mit seiner Mutter die ältere Schwester vom Musikunterricht ab. Die Musiklehrerin möchte noch kurz einige Dinge mit der Mutter besprechen. Robin schweigt, wenn die Lehrerin spricht, doch jedesmal, wenn die Mutter den Mund aufmacht, produziert er Störgeräusche. Die Mutter überhört dies und redet etwas lauter weiter.

Da die Mutter nicht reagiert, sagt die Lehrerin zu Robin: „Wenn du dauernd sprichst, verstehe ich nicht, was deine Mutter sagt. Bitte sei leise!" Worauf Robin antwortet: „Blöde Kuh!" Auch da reagiert die Mutter nicht. Die Lehrerin schweigt und beendet rasch das Gespräch mit der Mutter.

Sind Beleidigungen aus kindlichem Mund harmlos?

Robin kann die Grenzen seiner Mutter nicht akzeptieren, die der Lehrerin anfänglich schon. Bei ihr ist er leise. Als sie Robin jedoch auf sein Störverhalten der Mutter gegenüber anspricht, überträgt er seine Respektlosigkeit auch auf sie. Kritik verträgt er gar nicht.

Wachsen sich Unarten von alleine aus? Nein, sie verändern sich!

Warum sagt die Mutter nichts auf die Unarten ihres Sohnes? Im vorliegenden Fall hat sie anscheinend schon resigniert und hofft insgeheim, dass sie sich von alleine „auswachsen", wenn Robin größer wird. Diese Hoffnung wird sich jedoch nicht von selbst erfüllen. Warum sollte er sich ändern, wenn er damit doch sehr mächtig ist?

„Das gibt sich", sagen schwache Eltern von den Fehlern ihrer Kinder. O nein, es gibt sich nicht, es entwickelt sich.

Marie von Ebner-Eschenbach

Auch die Lehrerin reagierte nicht, überrascht und sprachlos. Wahrscheinlich wollte sie die Mutter nicht bevormunden, denn es wäre ihre Aufgabe gewesen, ihren Sohn zurechtzuweisen. Offensichtlich hatte sie auch keine Lust, in dieser flüchtigen Begegnung Erziehungsverantwortung zu übernehmen und sich womöglich Kritik einzuhandeln. Jedenfalls noch eine Person, die zulässt, dass Robin Grenzen überschreitet.

Moderne Erziehungslandschaft

Solche kleinen Szenen spiegeln wider, was sich in der heutigen Erziehungslandschaft häufig und auf breiter Ebene abspielt: Unklarheit in Bezug auf elterliche Autorität und Mangel an Orientierung, Solidarität und Kooperation der Erwachsenen untereinander – Freiheit als Überforderung zu Lasten der Jugend.

Sich selber achten und wahrnehmen

Beim Grenzen setzen ist es wichtig, dass wir bei uns selber wahrnehmen und ernst nehmen, was uns stört. Wenn Sie also eine Irritation spüren, dann konzentrieren Sie sich und fragen Sie sich mit ganzer Aufmerksamkeit: Irgend etwas passt mir nicht – was ist es eigentlich, was mich stört? Würde ich einem Erwachsenen (meiner Freundin, meinem Chef, meinem Partner) gestatten, so mit mir zu reden? Nein? Dann soll es auch das Kind nicht tun!

Nachgiebig, inkonsequent und unberechenbar

Sonst kann es vorkommen, dass die Mutter irgendwann einmal „auszuckt" und für Robin überraschend und unberechenbar reagiert. Denn er denkt sich: „Sonst sagt sie ja auch nichts!" Wenn wir Störungen bis zur Explosion aufstauen lassen, verfehlen wir meist den guten Ton. Dann werden Kinder angebrüllt und beschimpft. Wir werfen ihnen dann im Grunde vor, dass wir es so weit haben kommen lassen. Ist das nicht unfair?

Indem die Mutter zulässt, dass sich ihr Sohn respektlos verhält, vermittelt sie ihm: „Ich bin schwach" und „Ich trau dir nicht zu, respektvoll zu sein." Dieser Erwartungshaltung entspricht er dann auch ganz instinktiv.

Was Kinder wirklich brauchen

Robin braucht echte Aufmerksamkeit und das Gefühl, ernst genommen zu werden. Das bekommt er gerade dann, wenn Erwachsene Grenzen setzen und ihm zutrauen, dass er Rücksicht nehmen kann. Ansonsten wird ihm die Rolle des rücksichtslosen Tyrannen eingeübt. Dementsprechend wird er sich auch verhalten, ja sich sogar hineinsteigern, weil ihn diese Behandlung immer wütender macht. Es geht nicht darum, dass wir kindliche Unarten dramatisieren oder persönlich nehmen. Aber Kinder brauchen Erwachsene, die mit Verständnis und Konsequenz Respekt einfordern. Das kann auch in einer nachträglichen Aussprache in einer ruhigen Minute geschehen.

Kinder wollen Eltern, die sie lieben und achten können

Kinder haben ein Bedürfnis danach, ihre Eltern zu lieben und zu achten. Sie brauchen die Bestätigung, dass wir verständnisvoll und überlegen sind. Die lästigen Provokationen Robins entspringen einer tiefen, diffusen Verunsicherung. Es ist, als würde er auf einem weichen, matschigen Boden marschieren, der unter seinen Schritten nachgibt, sodass er permanent einzusinken droht. Das macht unsicher, ängstlich, aggressiv. Kinder brauchen Geborgenheit und Halt. Das vermitteln Erwachsene durch verständnisvolles, klares und konsequentes Reden und Handeln. Dann können sich Kinder fröhlich und ausgewogen entfalten.

Erzieher müssen ein gutes Gedächtnis haben.
Man versteht junge Menschen nur dann,
wenn man seine eigene Jugend nicht vergessen hat.

Vicki Baum

Kapitel 7

Pubertät und Loslassen

Dieser wichtige Entwicklungsabschnitt ist in den meisten Familien von Unsicherheiten und Turbulenzen begleitet. Er kann und darf jedoch nicht ausgelassen werden auf dem Weg zum Erwachsenwerden. Es ist die Zeit, wo aus Kindern Rebellen, Idealisten, Individualisten, Chaoten, Aussteiger, Experimentierer, Querdenker, Kritiker und Clowns werden und an unseren Nerven rütteln.

Wenn Jugendliche ihre eigenen Wege gehen und sich immer weniger von uns sagen lassen wollen, dann ist es gut, wenn Eltern wie der Fels in der Brandung sind, mit klaren Werten und Konturen, sich nicht scheuen, auch die Position des Reibebaums einzunehmen. Wenn die Jungen ausfliegen, müssen Eltern die Stellung halten und einfach da sein, wenn der Jungvogel wieder landet. Die Vertrauensbasis und das gelebte Vorbild sind wichtiger denn je.

Achten Sie auf Bedürfnisse von Autonomie und Eigenständigkeit, aber scheuen Sie sich nicht davor, auch gesunde Anforderungen zu stellen – am besten, indem Sie Ihre Kinder in die Planungen mit einbeziehen. Sie signalisieren damit: „Ich trau dir etwas zu." Achten Sie darauf, dass Ihr Sohn oder Ihre Tochter etwas hat, wofür er/sie sich engagiert, wofür er/sie sich begeistert, auch wenn das nicht unmittelbar mit der Karriereplanung zu tun hat. Halten Sie auch Kontakt zu anderen Familien. Es gibt Phasen, wo sich junge Leute von den Müttern und Vätern ihrer Freunde mehr sagen lassen als von den eigenen Eltern. Überhaupt ist es hilfreich, wenn Heranwachsende unterschiedliche Lebensmodelle und Familienkulturen kennenlernen und dann die eigenen Eltern meist wieder besser schätzen lernen. Seien Sie selber auch da für die Kinder anderer Eltern. Dann haben Sie auch den besten Einblick, in welchen Kreisen Ihr Kind tatsächlich verkehrt. Ein „open house" mit vollem Kühlschrank, in dem man sich wohl fühlt, bietet die besten Voraussetzungen, um im Gespräch zu bleiben. Und ganz wichtig, gerade in dieser Zeit: Die Rolle der Väter!

Sie tun sich Gutes, wenn Sie zu den Konflikten und Herausforderungen durch Ihre Jugendlichen eine gewisse sportliche Einstellung entwickeln und nicht alles persönlich nehmen. Wichtig ist, dass Sie ehrliches Interesse an den Träumen und Nöten Ihres Kindes haben und es keineswegs lächerlich machen. Mit Sicherheit erreichen Sie mehr durch Verständnis und gutes Zuhören als durch belehrende „Moralpauken". Bemühen Sie sich Ihrerseits auch, angehende Erwachsene mit Respekt zu behandeln und verlässlich und konsequent zu sein.

Vor allem brauchen Kinder in der Pubertät viel „Vitamin C" durch eine gute Portion Vertrauensvorschuss: „Ich glaub an dich! Du schaffst es!" Nutzen Sie die Kraft der Worte und Gedanken, um Ihren Kindern viel Liebe mit auf den Weg zu geben.

Wenn Eltern bereit sind, etwas auszuhalten, loszulassen und dennoch da zu sein, winkt die Freundschaft auf immer und eine starke Familie, auf die man sich verlassen kann. Auch in späteren Jahren weiß man ein harmonisches Elternhaus zu schätzen, wo man hingehört, Rat und Trost bekommt, Feste feiern, abladen und Kraft tanken kann. Die Pubertät ist die Zeit, wo die letzten Weichen gestellt werden, damit diese Vision Wirklichkeit werden kann.

„Warum immer ich?“

Allzu häufig hören die Eltern diesen Satz von ihrer 12-jährigen Tochter Thekla und antworten geduldig „Weil es mir wichtig ist, dass du auch deinen Beitrag im Haushalt leistest…“, „Weil jetzt du an der Reihe bist…“, „Weil…“, worauf sich oft endlose Debatten ergeben. Ergebnis: Die Eltern lassen sich wieder einmal „weich klopfen“ oder kommen in autoritäre Töne, um den Nachwuchs zu Selbstverständlichkeiten zu motivieren.

Wann Erklärungen zu fruchtlosen Debatten führen

Wenn die Sache schon ausreichend besprochen wurde, braucht Thekla keine weiteren Erklärungen. Es ist besser, wenn die Eltern auf die „Botschaften zwischen den Zeilen“ achten. Wie mag sich Thekla gerade fühlen? (Selbstoffenbarungsebene) – Vermutung: „Ich fühle mich benachteiligt“, „Ich habe keine Lust“ oder „Ich hasse Geschirr-Abwaschen.“ Was will sie mit ihrem Satz bezwecken? (Appell) – Vermutung: „Ich mag nicht…“, „Ich will mich drücken“ oder „Ich will mehr Gerechtigkeit“ etc. Und wie sieht das mit der Beziehungsebene zwischen Thekla und ihren Eltern aus? Mögliche Botschaften: „Ich lass mir von euch nichts sagen“, „Ich teste, was ich damit erreiche“, „Mit meinen versteckten Vorwürfen lasst ihr euch super manipulieren!“ etc.

Die „Ball zurück“-Methode

Die Eltern haben nun die Wahl, auf welcher Ebene und auf welche der versteckten Nachrichten sie reagieren wollen. Den Konflikt auf der

Sachebene abzuhandeln, bringt offenbar nichts, weil die eigentliche Bedeutung der Nachricht auf einer anderen Ebene liegt. Einfühlsam, wie Eltern sind, werden sie vermutlich ins Schwarze treffen. „Willst du dich schon wieder vor der Arbeit drücken?“ könnte wohl zutreffen, aber die Stimmung verderben. Mit: „Fühlst du dich benachteiligt?“ (das klingt wertschätzender) oder „Wo ist das Problem?“ haben sie gleich „zwei Fliegen auf einen Schlag“ getroffen: Thekla fühlt sich ernst genommen (Grundvoraussetzung, um Kinder zu positivem Handeln zu motivieren), zum anderen ist nun der „Ball“ wieder bei ihr und sie hat Erklärungsbedarf, nicht die Eltern. Dadurch brauchen sie sich nicht zu rechtfertigen und behalten die Oberhand, statt Getriebene der kindlichen Schlagfertigkeit zu werden. Da sind uns Kinder meist haushoch überlegen! Außerdem haben Eltern so die Möglichkeit, zu erfahren, was in ihrer Tochter wirklich vorgeht und gewinnen etwas Zeit, um angemessen zu reagieren.

Eltern sind Führungskräfte: Sie zeigen Verständnis, weisen auf Regeln hin oder geben ihrem Nachwuchs die Möglichkeit, neue Vereinbarungen zu treffen – und sorgen dafür, dass diese auch eingehalten werden. Schließlich sind sie ja für das Familienmanagement und das Sozialverhalten ihrer Kinder verantwortlich.

„Lass mich in Ruh!"

So antwortet Jeannette (17) ihrer Mutter in barschem Ton auf die Mitteilung, dass Tante Gerda zum Wochenende auf Besuch kommt: „Ich will in der Früh nicht reden!" – „Ich wollte dich nur informieren!" – „Kannst du nicht endlich aufhören! Ich bin sowieso nicht gut drauf!" – „Ich will, dass du es zur Kenntnis nimmst, weiter nichts." – „Wieso musst du immer nerven! Kann ich nicht einmal meine Ruhe haben?!"

Jeannette weint. Offensichtlich gab es Krach mit ihrem Freund. Mutter: „Es tut mir leid, wenn du Sorgen hast!" – Jeannette, schroff: „Lass mich!" Die Mutter schweigt. Gerne würde sie ihre Tochter unterstützen. Wie viel Verständnis soll sie haben? Ist der unfreundliche Ton gerechtfertigt?

Zwischen Verständnis und Abgrenzung

So schnell geraten Gespräche in die Sackgasse! Nicht der Wunsch nach Schweigen hat die Mutter irritiert, sondern der unfreundliche Ton ihrer Tochter, die ihr die Rolle der keifenden Alten unterjubelt. Jeannette scheint für sich das Recht in Anspruch zu nehmen, schlechte Laune zu versprühen. Naiv und egozentrisch: Ihr Problem hat Vorrang!

Es ist gar nicht immer leicht, jungen Menschen zu vermitteln, dass es auch in belastenden Situationen angemessen ist, Selbstbeherrschung zu üben und respektvollen Umgang mit seinen Mitmenschen zu pflegen. Es ehrt die Jugend, wenn sie es gerade der älteren Generation gegenüber tut.

Jeannettes Mutter tut gut daran, das Pfauchen ihrer Tochter nicht persönlich zu nehmen. Verständnisvoll zu reagieren, auch wenn man sich angegriffen fühlt, ist eine hohe Tugend. Oft macht sie sich bezahlt, nicht nur bei Jugendlichen, weil die Einsicht meist erst mit Verzögerung kommt. Wenn uns ein schwieriges Verhalten oder ein Unrecht nicht gleich „unter die Nase" gerieben wird, sondern wir trotzdem respektvoll behandelt werden, entsteht meist ein Gefühl von Dankbarkeit – auch bei unseren Kindern. Und irgendwann einmal kommt es positiv zu uns zurück.

Wenn die Vertrauensbasis erhalten bleibt, ist das der größte Gewinn, und ein klärendes Gespräch zu einem späteren Zeitpunkt wird möglich.

Erziehung zur Hilflosigkeit

Annette hat einen netten Mann und einen 15-jährigen Sohn, Hannes. Dieser ist gutmütig, bequem und stark übergewichtig. Die Mutter tut alles für ihre lieben Männer, kocht, putzt und gibt täglich frische Badetücher, die sie vom Boden aufhebt, nachdem die beiden geduscht haben.

Bestens bedient

Am Morgen legt Annette Hannes das Gewand bereit, macht für ihre Familie das Frühstück und bringt ihren Sohn zur Schule. Da das Busfahren mit umständlichem Umsteigen verbunden wäre, wird er von der Mutter auch wieder abgeholt. Außerdem weiß Annette auf diese Weise immer, wo ihr Sohn ist und mit welchen Freunden er verkehrt. Am liebsten sitzt Hannes vor dem Fernseher oder surft im Internet.

Als sie zum Wochenende bei Freunden übernachten, traut die Gastgeberin ihren Augen kaum – als sie sieht, wie die Mutter ihrem Sohn die Schnürriemen zubindet.

Pascha-Allüren

Hannes geht Fischen. Erraten Sie, wer die Eimer und die Angeln trägt? Als Hannes genug davon hat, ruft er: „Bin fertig!“, und die Mutter holt alles und verstaut es im Auto.

Annette ist eine liebenswürdige und moderne Frau – nicht etwa Heimchen am Herd, nein, eine tüchtige und erfolgreiche Geschäftsfrau. Wie sie alles „unter einen Hut bringt“ ist vielen ein Rätsel.

Ich wage keine Prognose zu stellen, was aus diesem jungen Mann einmal wird: ein „Pascha“ oder ein „Loser“, ein „Verlierer“? Perfekter kann Erziehung zur Hilflosigkeit kaum aussehen. Wenn seine künftige Partnerin ihn weniger gut bemuttert, wird es mit Sicherheit Beziehungskrisen geben.

Für diese Art von Liebe werden Mütter von ihren Söhnen und Schwiegertöchtern später oft gehasst – und bleiben dennoch vielleicht ein Leben lang abhängig.

Die Spinne im Zimmer

Marina (16) hat Angst vor Spinnen. Als gestern eine in ihrem Zimmer krabbelte, war sie entsetzt und bat den Bruder, in seinem Zimmer übernachten zu dürfen. Als sie sich auch am nächsten Tag weigert, in ihr Zimmer zurückzukehren, entwickelt sich folgender Dialog. Mutter: „Da war doch nur eine Spinne! Wir haben sie doch entfernt!“ Marina: „Ja, aber da sind bestimmt noch mehr. Dann krabbeln sie mir unter die Decke!“ Mutter: „Bis jetzt gab es noch nie ein Problem!“ Marina: „Aber die legen Eier und vermehren sich!“ Mutter: „Aber ich hab doch schon gesaugt!“ Marina: „Die haben irgendwo ihre Nester!“ Mutter: „Ich mach dir frisch das Bett!“ Marina: „Nein, in mein Bett geh ich nicht! Ich bin müde! Ich will bei euch schlafen!“ Marina macht sich ein Notquartier im elterlichen Schlafzimmer. Und was wird morgen sein?

Verständnis statt Lösungen

Was ist hier falsch gelaufen? Die Mutter hat durch ihre „Hilfe“ das Problem nur verstärkt. Statt Marinas Gefühle der Angst und Abneigung zu akzeptieren, versucht sie, ihr diese auszureden, indem sie beschwichtigt. Genau dadurch fühlt sich Marina weder ernst genommen noch entlastet und steigert sich erst recht hinein. Schließlich muss sie beweisen, dass ihre Angst berechtigt ist. Das erkennt man daran, dass Marina jeden Satz mit „Ja, aber…“ beginnt. Der zweite „Fehler“: Die Mutter bietet Lösungen an, reißt somit das Problem an sich, anstatt Marina nach ihren Ideen zu fragen. Wahrscheinlich wäre die Bitte, das Zimmer zu reinigen und frisch zu überziehen, von Marina gekommen. Mit 16 könnte sie dies auch durchaus selber erledigen. So aber vermittelt die Mutter: „Ich trau dir nicht zu, damit klar zu kommen!" Marina fühlt sich bevormundet und dadurch klein und hilflos. Dementsprechend verhält sie sich auch.

Wer hat das Problem?

Nicht nur bei großen Kindern, auch schon bei viel kleineren tun Eltern gut daran, die Falle „Kind hat Problem, Mutter die Lösung" zu vermeiden. Wenn wir Kinder nach Ideen fragen, fühlen sie sich ernst genommen und ermutigt, kommen erstaunlich schnell zu originellen Lösungen und kooperieren bei deren Umsetzung. Wenn nicht, können wir unsere Hilfe immer noch anbieten. Wir wollen doch ihre Eigenständigkeit fördern – oder?

Durch aktives Zuhören kann die Mutter auch mehr über die Intensität der Angst ihrer Tochter erfahren und besser beurteilen, ob sie therapeutische Hilfe benötigt oder nicht.

„Ich war's nicht!"

Die Mutter kommt ins Zimmer und findet ihre beiden Söhne Lukas (13) und Simon (11) vor dem Fernseher. Zuckerlpapiere liegen auf dem Boden verstreut. Beide Söhne versichern: „Ich war's nicht!" Keiner ist bereit, sie wegzuräumen. Es folgt eine Diskussion mit wechselseitigen Ausreden und Schuldzuweisungen, die in eine Allianz gegen die Mutter mündet. Die Buben fühlen sich von ihr belästigt, schließlich will man nichts versäumen. Als sie auf Wegräumen drängt, wird sie auch noch geschimpft, sie möge nicht so kleinlich und lästig sein – bis sie resigniert und die Sache selbst erledigt.

Werden Sie ernst genommen?

Ob einige Stücke Papier am Boden herumliegen, ist an sich nicht tragisch. Ob sie sofort oder nach dem Film weggeräumt werden, auch nicht. Dass die Mutter von ihren Söhnen nicht ernst genommen wird, allerdings schon. Hier geht es um ihre Autorität. Wenn Kinder sich angewöhnen, immer weniger auf ihre Eltern zu hören, dann tun sie es später auch in Situationen nicht, die weit mehr Bedeutung und Folgen haben. Daher hat die Mutter erzieherischen Handlungsbedarf.

Konsequent und manchmal auch „böse" sein

Solche und ähnliche Kleinigkeiten prägen den Alltag in vielen Familien. Sie sind nicht weltbewegend, verderben aber die Stimmung. Wenn die Mutter immer wieder nachgibt, statt konsequent und manchmal auch „böse" zu sein, ist die Gefahr groß, dass ihr zum falschen Zeitpunkt die Geduld reißt.

Die Kinder sind für die Lösung verantwortlich, nicht Sie!

Statt sich in einer Debatte darüber zu verlieren, wer es wohl war, der das Papier achtlos fallen ließ, sollte die Mutter lieber kurz und bündig verkünden: „Nach dem Film zeigt ihr mir euer aufgeräumtes Zimmer!“ Oder, wenn ihr eine strengere Gangart mehr liegt: „Ich möchte keinen Detektiven engagieren. Wenn ihr weggeräumt habt, könnt ihr weiter schauen!“ So bleibt die Bringschuld bei den Kindern.

Wie wichtig der Film und wie wichtig das Aufräumen ist, das liegt in Ihrem Ermessen. Es gibt wie immer mehrere Möglichkeiten, ein Problem zu lösen, mit mehr oder weniger Freiraum, Mitsprache und verbindlichen Regeln. Humor kann dabei nicht schaden.

Führungskompetenz statt Betteln und lange Debatten

Wie auch immer Sie entscheiden: Kinder bevorzugen klare Anweisungen statt elterliches Betteln oder lange Debatten, die zu kecken Sprüchen und Verweigerungstaktik förmlich einladen.

Übrigens: Eltern, die Ansprüche stellen, werden von ihren Kindern mehr geschätzt, als solche, die sich nicht durchsetzen können – weil sie Sicherheit und Geborgenheit ausstrahlen!

Die blauen Haare

Die Mutter tritt ins Zimmer, um ihrem 14-jährigen Sohn Patrick gute Nacht zu wünschen. „Mama, darf ich mir die Haare blau färben?" Die Mutter ist überrascht und fühlt sich überrumpelt: „Bist du wahnsinnig? Kommt überhaupt nicht in Frage!" Eine andere lässt sich vielleicht von den Überredungskünsten ihres Sohnes zu einer vorschnellen Zustimmung verleiten, die sie später bereut.

Kinder in der Pubertät sind hervorragende Taktierer und wissen sehr genau Bescheid über die Schwachpunkte ihrer Eltern und wie sie ihnen Zusagen „abknöpfen" können. Es ist auch nicht immer leicht, ebenso schlagfertig zu sein wie sie. Hüten Sie sich vor vorschnellen Antworten, wenn Sie schockiert, überrascht oder einfach unsicher sind.

Es ist OK, wenn Sie Ihre Betroffenheit zeigen

„Wie bitte?!", „Oh!", oder warum nicht auch die oben gebrauchte Schockformel – einfach um sich zunächst einmal Luft zu verschaffen. Wenn Sie der Meinung sind, dass für ein ausführliches Gespräch jetzt keine Zeit mehr ist, und Sie die Überrumpelungstaktik nicht akzeptieren, dann sagen Sie das auch: „Ich fühle mich jetzt überrumpelt." Die „Ball-zurück" Methode kann Ihnen jetzt helfen: „Wieso hast du dieses Thema nicht vorhin schon angesprochen, als wir gemütlich im Wohnzimmer saßen? Ich möchte keine voreilige Entscheidung treffen. Erkläre mir bitte morgen Nachmittag, was dir daran so gefällt."

Verschaffen Sie sich Nachdenkzeit

Überlegen Sie sich in der Zwischenzeit, wie Sie persönlich

zu blauen Haaren oder Ähnlichem stehen und wie viel Entscheidungsfreiheit Sie Ihrem Sohn schon zugestehen. Sie haben Gelegenheit, Ihre Einstellung zu dieser Frage zu überdenken und welchen Verhandlungsspielraum Sie geben können. Überlegen Sie auch, mit welchen Argumenten Ihr Sohn kommen könnte und wie Sie darauf eingehen werden. Folgende Fragen sollten Sie sich stellen: Wie sieht Ihre Erziehungssituation insgesamt aus? Ist Ihr Sohn zuverlässig und paktfähig? Ist es ein Teil seiner Strategie „vom kleinen Finger zur ganzen Hand“? Gibt es noch wesentlich gravierendere Fragen als seine Haarfarbe? Wenn es in einen Machtkampf hineinführt: Wie wichtig ist es, ihn zu gewinnen? Haben Sie die Nerven dazu? Wie viel Einfluss können Sie noch ausüben? Wer unterstützt Sie dabei?

Egal, worum es geht, hören Sie sich die Meinungen, Fantasien und „Spinnereien“ Ihrer Kinder an

Dabei erfahren wir vieles über unsere Kinder und vermitteln ihnen das Vertrauen stärkende Gefühl „Meine Eltern nehmen mich ernst“. Wenn wir gleich versuchen, ihnen die verrückte Idee auszureden, können unsere Argumente noch so einschlägig sein – sie wollen es jetzt nicht hören! Mehr erreichen Sie, wenn Sie Fragen stellen, die sich Ihr Kind selber beantworten kann, wie z.B. hier bei Patrick: „Wie kommst du auf die Idee?“, „Was gefällt dir so sehr daran?“ – Zeigen Sie Verständnis für seine Sichtweisen, fassen Sie zusammen, was Sie gehört haben und bringen Sie es auf den Punkt, damit er seine eigenen Wünsche und Bedürfnisse hinterfragen lernt, z.B.: „Ach so, X, Y und Z haben auch blaue Haare und du willst zur Clique dazugehören…“ oder zielorientiert „Was hast du davon?“, „Welchen Eindruck willst du damit machen?“ Stellen Sie die richtigen Fragen, aber nicht zu viele davon.

Klärende Fragen stellen – aber kein Verhör

Achten Sie darauf, ob Patrick einen lockeren Redefluss hat oder ob Abwehr da ist. Keinesfalls sollte er sich „verhört“ fühlen. Danach können Sie Sachfragen erörtern wie die Auswirkungen von Bleichen und Färben auf die Haare, etc. Schließlich kommt der Moment, wo Ihre ehrliche, persönliche Meinung Platz hat. Wahrscheinlich müssen Sie Einwände behandeln, wie „Du verstehst nichts davon!“ Wenn Sie wirklich nichts von blauen Haaren halten und es nicht erlauben wollen, dann sagen Sie es im Klartext, aber wieder mit Verständnis: „Du wirst enttäuscht sein, aber ich sage nein aus folgenden Gründen: …“

Sie können auch eine grundlegende Regel aussprechen, die da beispielsweise lauten könnte: „Bis 14 möchte ich bei deiner Kleidung, bis 16 bei deinen Haaren und bis 18 bei bleibenden Veränderungen wie Piercings mitreden. Ich möchte nicht, dass du mir später einmal den Vorwurf machst: „Wie konntest du das nur erlauben?“ Das Veto- und Beratungsrecht sollten Sie bis zur Volljährigkeit und Selbstständigkeit Ihres Kindes beibehalten.

Gruppendruck

Für viele Kinder und Jugendliche ist es eine regelrechte Entlastung, wenn Eltern nein sagen und sie sich so leichter einem insgeheim unangenehmen Gruppendruck entziehen können, auch wenn sie vordergründig über die „Alten“ oder „Grufties“ schimpfen.

Wenn Patrick auf stur schaltet, kann es helfen, die Zustimmung von einer Bewährungsprobe abhängig zu machen (z.B. das Resultat der nächsten Schularbeit. Begründung: Wer sich Extravaganzen leisten will, muss in anderen Bereichen punkten) und eine Probezeit zu vereinbaren, z.B. 14 Tage, damit er sich mit blauen Haaren erleben kann. Schön ist es, wenn man sich anschließend offen darüber austauschen kann.

Bei allem Verständnis: Die Führungskompetenz sollten Sie sich nicht entreißen lassen. Das brauchen Jugendliche mehr als blaue Haare.

„Kommt überhaupt nicht in Frage!“

Nach einer Geburtstagsfeier bei Freunden im Waldviertel steigt Familie N. am nächsten Nachmittag ins Auto, um die Heimreise nach Wien anzutreten. Kurz danach ergibt sich folgender Dialog mit der 15-jährigen Tochter Nina:

Nina: „Du, Papa, bei Zwettl gibt's einen McDrive. Bleib dort stehen, ich will mir etwas kaufen.“

Vater (verärgert, belehrend): „Kommt überhaupt nicht in Frage! Du hast jetzt genug Zeit zum Essen gehabt. Vom Tisch aufstehen und zum McDrive fahren! So ein Blödsinn. Das kann auch nur dir einfallen!“

Nina: „Ich wollte nicht dauernd diese öden Brötchen und Torten von gestern Abend essen. Außerdem zahle ich es eh selber.“

Vater: „Für alle anderen war es gut genug, und du musst schon wieder Extrawürstchen machen. Wir haben es schon eilig. Basta!“

Nina: „Von dir altem Grufti kann man überhaupt nichts haben. Da, schau, da ist er ja, der McDrive!“

Vater (beleidigt, entnervt): „Und jetzt erst recht nicht!“

Nina: „Trottel!“

Vater: „Na warte!“

Schweigen. Dicke Luft im Auto. Die Erwachsenen schneiden ein anderes Thema an. Das Mädchen setzt den Kopfhörer auf und schaltet ab. Nach einer Weile fragt die Tante: „Nina, hältst du's noch aus bis Wien oder bist du schon hungrig?“ Kind: „Das kann doch euch egal sein!“

Kein Machtkampf zu Lasten der Beziehung

Viele Leser werden denken: „Das freche Mädchen hat sich's nicht anders verdient. Recht geschieht ihr. Der Vater muss sich schließlich durchsetzen. Wo kämen wir da hin?"

Wie mag sich der Vater fühlen nach so einem Gesprächsverlauf? Er hat sich zwar durchgesetzt, aber es kocht in ihm. Er ist wütend, fühlt sich enttäuscht und abgelehnt. Auch er könnte hin und wieder Anerkennung brauchen, wo er sich doch so sehr für die Familie einsetzt.

Und die Tochter? Auch sie ist wütend. Hauptsache, er hat gewonnen. Auf ihre Argumente ist er gar nicht eingegangen! Außerdem hasst sie seinen belehrenden Ton und seine Art, ihre Wünsche immer wieder ins Lächerliche zu ziehen.

Paradox: Den Machtkampf gewinnen, den Einfluss verlieren

Wenn auf diesen Streit kein klärendes, versöhnendes Gespräch folgt, ist der nächste Konflikt schon vorprogrammiert und die Beziehung wird wieder ein Stück gespannter. Auch wenn der Vater den Machtkampf gewinnt, in Wahrheit verliert er immer mehr den Einfluss auf seine Tochter.

Vielleicht wird sie ihn in Zukunft absichtlich provozieren und seine Nerven strapazieren. Er wird immer härter durchgreifen müssen, um die Oberhand zu behalten. Die Spirale des Machtkampfes beginnt sich zu drehen. Liebe, Zuneigung und Vertrauen schwinden. Wenn sie einmal Probleme hat, wird sie sich kaum ihrem Vater anvertrauen und womöglich die falschen Freunde finden.

Auch versteckte „Killersätze" erzeugen Widerstand

Wahrscheinlich wäre das Gespräch ganz anders verlaufen, hätte der Vater nicht durch sein sofortiges „Kommt überhaupt nicht in Frage!" den Widerstand der Tochter geweckt. Dieser Satz provoziert geradezu, bedeutet er doch zwischen den Zeilen: „Du bist ein unvernünftiger Teenager. Ich bestimme, was wichtig und richtig ist. Deshalb lehne ich ab, ohne dich überhaupt anzuhören!" – Würden Sie so mit sich verfahren lassen?

Kinder zu Partnern statt zu Gegnern machen

Auch Kinder wollen ernst genommen werden, gerade in einer Entwicklungsphase, in welcher der Aufbau des Selbstwertgefühls und der Identität so wichtig ist – und Jugendliche gerne kämpferisch reagieren. Fehler der Eltern werden hart gekontert.

Wie wäre es gelaufen, hätte der Vater in einem freundlichen, neutralen Ton nachgefragt: „Wie kommst du auf die Idee, jetzt zum McDrive zu fahren, wo wir doch gerade erst vom Tisch aufgestanden sind?“ Ihre Argumente hätte er in Ruhe angehört und sie die seinen. Ich empfehle, Kinder bei Entscheidungen, die sie etwas angehen, um Zustimmung zu bitten und bei einer nötigen Ablehnung um Verständnis („Wir haben es schon sehr eilig, und daher möchte ich keine Fahrtunterbrechung machen. Hältst du es noch aus, bis wir zu Hause sind?“). Der Vater hätte auch schlicht appellieren können: „Bitte jetzt nicht!“

Die Vertrauensbasis erhalten

Verhandeln Sie mit Ihrem Kind. Eltern müssen nicht immer nachgeben, aber sie sollten immer Verständnis zeigen. Wenn wir darauf verzichten, negative Beziehungsbotschaften zu senden, können wir Konflikte fair lösen und Kinder zu Partnern statt zu Gegnern machen. Haben wir so nicht mehr gewonnen?

„Dann mach doch, was du willst!“

Wenn die Unvernunft der Jugendlichen mit einer guten Portion Provokation und Sturheit einhergeht und sie auf keinen guten Rat mehr hören wollen, wissen Eltern oft nur noch eins darauf zu antworten: „Dann mach doch, was du willst!“ Scheinbar entlässt dieser Satz in die Freiheit. In Wirklichkeit spürt man, dass ein gescheitertes Bemühen oder ein Machtkampf vorausgegangen sind. Er enthält ein Ultimatum, setzt unter Druck. Was passiert, wenn Eltern jetzt, aus einer Mischung von Zorn, Resignation oder Kränkung einfach loslassen, jetzt, wo das Seil auf äußerste gespannt ist? Sie haben es erraten? Der Sturz ist vorprogrammiert! Wer auf diese Weise in die Freiheit entlassen wurde, hat seinen Eltern oft ein Leben lang nichts mehr zu sagen, vor allem dann, wenn auch hinterher keiner bereit ist, als erster die Hand zur Versöhnung auszustrecken. Jahrelange, bemühte Erziehungsarbeit endet mit einem „Götz-Zitat“. Das war's! Die Türen fallen zu, man hat einander nichts mehr zu sagen. Ihre Mühe bleibt ungedankt oder der Dank wird auf den Pflichtanteil reduziert.

Es liegt großteils in Ihrer Verantwortung, wenn die Loslösung vom Elternhaus nicht in eine neue Art von Freundschaft zwischen Eltern und Kind einmünden kann, aber auch, wenn Ihr Sohn oder Ihre Tochter gerade auf dem Höhepunkt von Krise und Machtkampf Kurzschlusshandlungen setzt.

„Dann mach doch, was du willst!“ Bei diesem Satz hört man sehr viel zwischen den Zeilen durchschwingen. Das kann sein: Enttäuschung (Sie meinen es gut, doch man hört nicht auf Sie), gekränkte Eitelkeit (Man stellt Ihre Kompetenz in Frage), Wut („Das tut sie/er nur, um mich zu ärgern!“), Verzweiflung („Ich weiß mir nicht mehr anders zu helfen!“) oder Erpressung („Entweder du richtest dich nach meinen Vorstellungen oder du wirst sehen, wie du zurecht kommst!“). Durch den Widerstand Ihres Kindes fühlen Sie sich persönlich abgelehnt und reagieren – verzeihen Sie! – genauso pubertär wie dieses.

Nehmen Sie nicht alles persönlich

Die Provokation Ihres Sohnes oder Ihrer Tochter entstand aus einer emotionalen Spannung, vielleicht noch verstärkt durch die Familientradition, wenn Konflikte immer schon so ausgetragen wurden, dass einer gewinnen musste und

Vernunft – nicht Härte – soll die Jugend zügeln.

Publilius Syrus (90 – 40 v. Chr.)

man einander Vorwürfe und Beleidigungen an den Kopf warf. In Wirklichkeit geht es Ihrem Sohn/Ihrer Tochter meist gar nicht darum, Sie zu kränken, sondern er/sie weiß sich nicht anders zu helfen. Er/sie befindet sich in einem an sich gesunden und notwendigen Ablösungsprozess und kommt wahrscheinlich momentan mit sich selber und seinen Problemen nicht zurecht. Wie es in ihm aussieht, erfahren Sie aber nur, wenn Sie bereit sind, offen und unvoreingenommen zuzuhören.

Statt „Dann mach doch, was du willst!" sollte es in etwa so lauten: „Ich sehe, dass du momentan nicht bereit bist, auf mich zu hören!" (Sie spiegeln ihm/ihr Ihre Wahrnehmung, welchen Eindruck Ihr Kind momentan auf Sie macht.) Dann senden Sie eine Ich-Botschaft ohne Machtwort, Vorwurf oder dergleichen: „Ich kann und will dich nicht zu deinem Glück zwingen. Aber es ist mir wichtig, dass du weißt, wie ich darüber denke. Vor allem möchte ich, dass du weißt, was du mir bedeutest und dass ich mir wünsche, dass du den richtigen Weg für dich findest" (Sie stehen offen zu Ihren Gefühlen der Liebe und Solidarität, oder auch der Enttäuschung). Wenn Sie solchermaßen loslassen, dann bleiben Sie Ihrem Kind Stütze und Orientierungshilfe und geben ihm vor allem die emotionale Sicherheit. Ins rechte Lot wird Ihr Sohn oder Ihre Tochter dann aus eigener Kraft finden.

Wir können unsere Kinder nicht vor allem bewahren, und manchmal müssen sie anscheinend auch schlechte Erfahrungen machen. In dem Maße, wie sie nicht auf uns hören, müssen sie auch die Verantwortung für ihr Tun übernehmen. Wir müssen genau abwägen, wie und was wir verbieten oder einfordern. Aber wir können und sollen die Türen offen halten. Wenn sie dann klein und angeschlagen wiederkommen, ist es wichtig, dass Sie kompetent reagieren und ihm/ihr die Wiedereingliederung ohne Gesichtsverlust ermöglichen. Kein belehrendes, süffisantes „Ich hab's ja gleich gewusst!", sondern ehrlich: „Ich freue mich, dass du wieder da bist", „…dass du das einsiehst!" Nicht nur Sie, in erster Linie Ihr Kind musste sich überwinden – und Sie sollten dies auch würdigen. Jugendliche wissen diese Haltung zu schätzen, wenn sie es auch nicht immer gleich zugeben. Vielleicht erfahren Sie es erst nach Jahren. Aber so kann er/sie aus Fehlern lernen, und Ihre Beziehung wird immer mehr zu einer tragfähigen Basis für die Zukunft.

Wenn man einen Menschen bessern will,
muss man ihn zuerst einmal respektieren.

Romano Guardini

Kapitel 8

Tugenden fördern, schlechte Eigenschaften korrigieren

In diesem Kapitel geht es darum, wie Eltern das Sozialverhalten ihrer Kinder lenkend beeinflussen können. In der traditionellen Sicht früherer Tage waren es vor allem Gebote und Verbote, um kindliches Verhalten in gewünschte Bahnen zu lenken, was oft genug in einen Kampf gegen die natürlichen Triebe und Anlagen des Kindes mündete, aus Angst, man könnte das Erziehungsziel „Soziale Eingliederung" verfehlen. Die Auswüchse einer „Dressurakt"-Erziehung wurden zu Recht von der modernen Pädagogik angeprangert.

Es schien, als würden Erziehung und Entwicklung einander widersprechen. In Wirklichkeit sind es nur zwei unterschiedliche Pole, die es in Harmonie zu bringen gilt. Kinder brauchen nun einmal die Unterstützung der Erwachsenen, um mit ihren Schattenseiten zurecht zu kommen. Wenn Eltern mit Verständnis zur Einsicht führen und liebevolle Autorität verkörpern, dann vermitteln sie Halt und Disziplin und können auf das Korsett der „schwarzen Pädagogik" verzichten. Dann wird sich echtes positives Sozialverhalten als Frucht von Reife und Einsicht auf ganz natürliche Weise entfalten.

Es geht hier also lediglich um eine Fortsetzung und Vertiefung des Kapitels „Entwicklung fördern", indem ich einige spezifische Themen herausgreife. Ich möchte keine Patentrezepte liefern, sehr wohl aber einige psychische Grundregeln herausarbeiten und deutlich machen, dass erzieherisches Handeln gerade dann gelingt, wenn es auch gleichzeitig entwicklungsfördernd ist.

Wenn Kinder helfen

„Mutti, kann ich dir helfen?“ Voll Begeisterung schickt sich Ihr Dreikäsehoch an, kräftig im Teig herumzurühren: „Lass das, das mach ich schon! Du machst dich nur schmutzig“, „Du störst mich. Lass mich in Ruhe arbeiten!“ – Wie oft werden kindliche Hilfsangebote, Zeichen von Motivation und Engagement, als Belästigung zurückgewiesen! Wenn Sie dabei auch noch ungehalten und ärgerlich klingen, empfängt Ihr Kind vor allem die Botschaft: „Du bist lästig!“, „Ich mag dich nicht!“, „Das kannst du nicht!“ Damit dämpfen Sie nicht nur den kindlichen Eifer, sondern auch das Selbstwertgefühl Ihres Kindes und haben eine wunderbare Gelegenheit versäumt, die Kompetenzen Ihres Kindes zu fördern. Die Freude am Lernen und am Tun geht damit ein Stück verloren. Viele Eltern wundern sich, warum größere Kinder oft so gar keine Lust haben, mitzuhelfen. Kein Wunder, wenn sie nicht von klein auf erlebt haben, dass Verantwortung im gemeinsamen Miteinander auch Freude machen kann.

Zwischen Überforderung und Übermut

Andererseits überschätzen Erwachsene oft die Fähigkeiten ihrer Kinder. Wenn man ihnen zu viel zumutet, fühlen sie sich überfordert, speziell dann, wenn sie mit dem Ergebnis ihrer Bemühungen zu wenig Beachtung finden. Dann geben sie leicht auf und fühlen sich als Versager. Sie werden „faul“.

Drittes Szenario: Ihr Kind darf nach Herzenslust agieren und experimentieren, hat viel Spaß an der Sache, wird übermütig und hinterlässt Ihnen Chaos und Ärger.

Für die passenden Rahmenbedingungen sorgen

Auf alle Fälle empfehle ich, Eifer und Engagement zu würdigen und nötige Einschränkungen mit Taktgefühl vorzubringen: „Ich finde es schön, dass du mir helfen möchtest. Aber ich habe es eilig und muss jetzt ganz schnell fertig machen. Kannst du bitte stattdessen…“ Günstiger ist es, wenn Sie Ihre Arbeit so planen, dass das Miteinbeziehen Ihres Kindes möglich wird: Schaffen Sie passende Rahmenbedingungen, respektieren Sie seinen Rhythmus, richten Sie seinen Arbeitsplatz kindgerecht her und geben Sie eine überschaubare

Aufgabe mit Erfolgsaussichten und kleinen Steigerungsmöglichkeiten. Wichtig ist, den Arbeitsgang richtig und rechtzeitig zu beenden. Wird das Kind überdrüssig, so soll es nicht einfach aufspringen und davonlaufen. Bedanken Sie sich und fordern Sie es auf, Gegenstände auf ihren Platz zu räumen, sich selbst und den Arbeitsplatz wieder sauber zu machen. Wird es übermütig (es kleckst den Teig überall hin), ist es ebenfalls angebracht, den Einsatz zu beenden. Jede Leistung verdient Anerkennung und Lob, vor allem das dahinter liegende Engagement. „Schön, dass du so eifrig mitgemacht hast. Aber jetzt müssen wir Schluss machen!" So sichern Sie Ihrem Kind Erfolgserlebnisse und fördern seine Fähigkeiten.

Ermutigung durch Geduld und Zuwendung

Wenn Ihr Kind Ihnen hilft, dann erwarten Sie nicht, dass seine Leistungen perfekt sind. Wahrscheinlich wären Sie ohne seine Hilfe schneller fertig. Aber vergessen Sie nicht: Es geht um das Tun, um das Üben mit Geduld und Aufmerksamkeit. Nur so kann Ihr Kind Freude an der eigenen Leistung, Ordnung und Ausdauer entwickeln und auch das Gefühl erleben, ein nützliches Mitglied der Familie zu sein.

Kevin kann nicht verlieren

Kevin (7) ist ein gescheiter Bub und macht seinen Eltern viel Freude. Aber er kann nicht verlieren. Ein Mensch-ärgere-dich-nicht Spiel kann zum Mini-Drama werden. Wird eine seiner Figuren geschmissen, kommt es zu Heul- und Wutanfällen und manchmal haut er dabei sogar auf die Mutter ein. Sie hat es mit Milde und mit Strenge versucht, aber bislang erfolglos. Sagt sie ihm in einer ruhigen Minute, dass er doch einsehen müsse, dass es so nicht geht, beteuert er, dass er in so einem Moment einfach nicht anders kann.

Selbstbeherrschung will gelernt sein

Früher hat man Selbstbeherrschung oft durch Zucht und Strenge erzwungen. So wurden Gefühle unterdrückt statt bewältigt. Heutzutage begegnet man der Gefühlswelt von Kindern erfreulicherweise mit mehr Verständnis. Doch Verständnis allein ohne regulierende Maßnahmen führt häufig dazu, dass sich Kinder noch mehr in ihre Gefühlsausbrüche hineinsteigern. Sie brauchen Verständnis UND ein deutliches Stopp sowie Regeln, nach denen sie sich orientieren können. Wir müssen sie sozusagen dort abholen, wo sie sich gerade befinden, und sie aus ihrem emotionalen Loch hinaus begleiten.

Belehrungen und fertige Lösungen meiden

Belehrende Worte wie „Du musst halt lernen, dich zu beherrschen“ oder „Man kann doch nicht einfach drauflos schlagen, wenn man verliert“ sind als Gesprächsbeginn ungeeignet, weil sich Kevin dabei nicht angenommen und verstanden fühlt und infolgedessen emotional blockiert. Kevins Mutter weiß das offenbar, indem sie Verständnis zeigt. Dann versucht sie ihrem Sohn Lösungen vorzuschlagen. Diese helfen ihrem Sohn aber nicht, denn er muss sie selber finden. Sie kann ihn jedoch dabei unterstützen, indem sie Fragen stellt, statt Antworten zu geben: „Was ist so schlimm für dich, eine Figur oder ein Spiel zu verlieren?“ oder „Wo genau spürst du es, wenn deine Wut hochkommt?“, „Wie sieht sie aus, deine Wut?“ oder „Wenn deine Wut reden könnte: Was würde sie jetzt sagen?“ Das hilft, Emotionen sichtbar, spürbar, konkret und damit für Kevin kontrollierbar zu machen. Dann kann die Mutter ihm helfen, seine Lösung zu hinterfragen: „Glaubst du, das ist die Lösung, wenn du drauflos schlägst?“ Dann kommt Kevin selber zu dem Schluss „Ich muss halt lernen, mich zu beherrschen“ oder „Ich darf nicht einfach drauflos schlagen, wenn ich verliere.“

Wenn die Einsicht aus seinem Munde kommt, dann wirkt sie! So kann die Mutter Entwicklungsschritte einleiten. Danach muss sie ihm helfen, Wege der Umsetzung seiner guten Vorsätze zu finden. Auch hier ist es am Besten, Kevin selbst danach zu fragen, denn er trägt nicht nur das Problem, sondern auch dessen Lösung in sich.

Gemeinsam Bewältigungsstrategien erarbeiten

Als nächstes kommt die Frage: „Kevin, was glaubst du, kann dir dabei helfen, faires Verlieren zu lernen?“ In dieser Frage liegt das Vertrauen der Mutter, dass ihr Sohn das schaffen wird, schon zwischen den Zeilen. Kevin spürt es und fühlt sich ermutigt, nach Lösungen zu suchen. Auch hier ist es wichtig, dass er zunächst einmal alles, was ihm so einfällt, aufzählt. Die Mutter kann durch eigene Vorschläge ergänzen. Danach wählt Kevin die zwei oder drei besten Ideen und die Mutter hilft ihm, das Für und Wider abzuwägen und verbindliche Regeln aufzustellen – zunächst einmal probeweise – um zu prüfen, ob das taugt. Eine Regel könnte lauten: Kevin darf auf einen Polster schlagen und „Scheibenkleister“ sagen, nicht aber zügellos drauflos schimpfen oder schlagen. Wenn das nicht hilft, wird das Spiel unterbrochen und nach einer Pause fortgesetzt. Bei ganz groben Verstößen wird das Spiel abgeblasen. Auch hier gilt: Verständnis für den Frust Kevins zeigen, aber die vereinbarten Konsequenzen durchziehen – am besten dann ohne viele Worte, denn Kevin hat die Vereinbarung gekannt und akzeptiert. Insbesondere Jungen mögen lieber Taten als Worte.

Wichtig ist auch, Kevin für jeden kleinen Fortschritt im richtigen Moment zu würdigen, ihn beispielsweise dafür zu loben, dass er sich damit begnügt hat, ins Kissen zu schlagen und dass er dann in der Lage war, das Spiel bis zum Ende fortzuführen. Jede bewältigte Niederlage ist ein Erfolg: Gewinnen fällt jedem leicht, aber eine Niederlage einzustecken ist ein wahrer Sieg, denn das stärkt den Charakter.

Der Bärenrucksack

Lisa und ihre Freundin Julia (beide vier Jahre alt) machen einen Ausflug mit der Oma. Lisa hat ihren heißgeliebten Bärenrucksack mitgenommen, Julia wollte keinen tragen. Unterwegs will Julia Lisas Rucksack ausborgen, weil er ihr gerade jetzt so attraktiv erscheint. Da Lisa ablehnt, beginnt Julia zu brüllen. Oma versucht, Lisa gut zuzureden, sie möge doch großzügig sein und der Freundin eine Freude machen. Das Kind bleibt ablehnend, das andere brüllt umso lauter. Oma zu Lisa: „Du bist grauslich. Die Julia muss jetzt weinen, weil du so egoistisch bist!"

Tugenden entstehen nicht durch Druck und Manipulation

Darf oder soll man Kinder zu Großzügigkeit, Nachgeben oder zu guten Taten zwingen? Meine Meinung lautet: Erwachsene können und sollen Kinder motivieren, d.h. versuchen, Verständnis für die Situation des anderen zu erwecken oder sagen: „Ich würde mich freuen, wenn…", aber zwingen und manipulieren sollte man selbst kleine Kinder nicht. Schon gar nicht hat sich Lisa eine Beleidigung verdient. Kinder haben das Recht, sich abzugrenzen und einen Gefallen auch einmal abzulehnen. Das Nein eines Kindes gilt es zu respektieren. Möchten Sie sich nötigen oder beleidigen lassen, wenn Sie einmal nicht großzügig sein wollen? Außerdem rufen aufgezwungene Tugenden nicht wirklich Einsicht, sondern ambivalente Gefühle und Groll hervor. Dies könnte den Grundstein für eine Zwietracht zwischen den Freundinnen legen. Außerdem werden das Selbstwertgefühl Lisas und die herzliche Beziehung zur Oma getrübt.

Auch Kinder haben ein Recht, sich abzugrenzen

Nun zu Julia: Wenn sie lernt, dass Brüllen die Strategie zum Erfolg ist, ist ihrer Persönlichkeitsentwicklung nicht gedient. Besser wäre es, würde man sie daran erinnern, dass es ihre Entscheidung war, den Rucksack zu Hause zu lassen. So erfährt sie, dass Handlungen Konsequenzen haben (wenn ich meinen Rucksack zu Hause lasse, dann habe ich eben keinen) und dass nicht jeder Wunsch im Leben in Erfüllung geht. Auf diese Weise kann sie lernen, mit Enttäuschungen umzugehen. Die Oma könnte sie dabei einfühlsam unterstützen, z.B.: „Ich kann verstehen, dass du jetzt traurig bist, aber bald kommen wir zum Spielplatz. Beim Schaukeln brauchst du keinen Rucksack!“

Eine gute Möglichkeit, ein „egoistisches“ Kind zum Einlenken zu bewegen, wäre auch, wenn die Oma Lisas Nein respektiert und zu Julia sagt: „Die Lisa will ihren Rucksack jetzt nicht hergeben. Aber vielleicht kann sie ihn dir später einmal borgen.“ Dies kann schon wenige Minuten danach der Fall sein. Denn Sie werden staunen, wie großzügig Kinder sind, wenn sie sich ernst genommen und respektiert fühlen.

Das leidige Zähneputzen

Eltern von kleineren Kindern erleben oft Abend für Abend Nerven raubende Szenen. Ihr kleiner Dreikäsehoch will absolut nicht einsehen, wozu Zähneputzen gut sein soll: Er lacht und läuft davon und genießt das abendliche Fangspiel – oder er leistet Widerstand, indem er die Zähne zubeißt oder in ohrenbetäubendes Gebrüll ausbricht. Andere Kinder lassen es passiv mit sich geschehen, beißen dann und wann in die Zahnbürste und lutschen an der Zahnpasta. Wieder andere schreien „selber, selber!", haben dabei ihren Spaß, plantschen und patzen gehörig herum – bei mäßigem Resultat, was die Sauberkeit der Zähne anbelangt. Manche Kinder sind schon von klein auf Verhandlungskünstler und achten auf ihren Vorteil: „Was bekomme ich dafür?" Zähne werden nur geputzt, wenn ihnen die Belohnung attraktiv genug erscheint. Manche Eltern versuchen es mit natürlichen Konsequenzen: „Wenn du nicht Zähne putzt, darfst du keine Süßigkeiten naschen!" Kind: „Na gut, dann verzichte ich heute eben darauf!" Das Kind bestimmt, ob überhaupt und wann etwas getan wird.

Bei dieser Art von Demokratie spüren manche Eltern: „Das kann es doch wohl nicht sein!" Wenn Sie das Gefühl haben „Da stimmt doch etwas nicht!", hören Sie auf Ihre innere Stimme. Überlegen Sie kurz, ob Ihr Ansinnen notwendig und Ihrem Kind zumutbar ist. Wenn ja, wie z.B. beim Zähneputzen, dann machen Sie Ihrem Kind klar: „Ob und wann geputzt wird, bestimme ich, weil ich für deine gesunden Zähne verantwortlich bin. Du kannst dir aussuchen (z.B.) welche Zahnpasta und welche Bürste du verwenden möchtest oder was du brauchst, damit es dir mehr Spaß macht."

Zähneputzen darf Spaß machen

In dem von Ihnen gesteckten Rahmen kann durchaus Platz für Mitbestimmung und kindgemäßen Spaß und Fantasie sein. Geschichten über Zahnputzfeen und Zahnputzteufelchen sind bei vielen Kindern äußerst beliebt.

Wichtig ist, dass das Resultat stimmt. Die tägliche Routine wird bald zur guten Gewohnheit und Selbstverständlichkeit – und beiden Seiten, Eltern und Kindern, bleibt noch Zeit und Ruhe für eine wunderschöne Gute-Nacht-Geschichte.

Das böse Wichtelchen

Ines, zweieinhalb Jahre, ist ein liebes, aufgewecktes Kind. Sie mag insbesondere kleine Babys und jüngere Kinder. Wenn eines in ihrer Nähe ist, möchte sie es streicheln und liebkosen – um es dann ganz plötzlich ins Gesicht zu kratzen – oder so lange stürmisch zu drücken, bis es umfällt. Wenn die Mutter schimpft und erklärt, dass das falsch ist und dem Kind weh tut, zeigt sich Ines einsichtig. Doch die guten Vorsätze halten nur bis zur nächsten Versuchung. Auf die Frage „Warum tust du das?“ erhält sie keine Antwort – weiß Ines doch selber nicht, warum.

Die Mutter ist besorgt. Was werden die anderen denken? Einige Freundinnen meiden schon den Kontakt. Es ist ihr furchtbar unangenehm. In ihrer eigenen Erziehung war nur lieb und brav gefragt, und sie hat das so sehr erinnerlicht, dass sie niemanden vor den Kopf stoßen möchte und manchmal auch auf gesundes Abgrenzen verzichtet.
Das Verhalten ihrer Tochter ist ihr umso unverständlicher und peinlich.

Es ist wichtig, dass die Mutter zu den eigenen negativen Gefühlen und auch zu den Schattenseiten ihrer Tochter stehen lernt. Unser Schatten gehört nun einmal zu uns. Er will gesehen und akzeptiert werden. Erst dann verliert er seine magische Kraft und wir können ihn verändern. Kindliche

Aggressionen, unterschiedlich ausgeprägt, sind an sich etwas Natürliches. Die Mutter soll nicht etwa das Verhalten ihrer Tochter gut heißen – aber es ist wichtig, dass sie sie auch mit ihren Schattenseiten akzeptiert und ihr hilft, damit fertig zu werden.

Falsch wäre es, Ines mit Bemerkungen wie „Sei nicht so böse!" oder „Warum bist du so schlimm!" festzunageln. Denn dadurch entsteht ein Teufelskreis, und Ines fällt es immer schwerer, von ihrem Verhalten Abstand zu nehmen. Wichtig: Das Verhalten, nicht aber die Person darf als „böse" bezeichnet werden.

Bilder unterstützen den inneren Selbstklärungsprozess

Die Mutter könnte ihre Tochter in einem entspannten Moment wohlwollend und nicht wertend, aber ganz offen mit der Wahrheit konfrontieren und sagen: „Ich weiß, du magst die kleine Laura. Gestern hast du dich so gefreut, als sie kam und wolltest sie streicheln. Doch urplötzlich hast du sie ins Gesicht gekratzt. Hast du eine Ahnung, was dich plötzlich so böse werden ließ?" Ines wird wahrscheinlich große Augen machen und die Antwort schuldig bleiben. Die Mutter könnte nun diese Reaktion beschreiben, um sie Ines bewusst zu machen, und ihre Vermutung als Bild anbieten: „Ich glaube, du weißt selbst nicht, warum... Mir ist, als wäre da ein kleines böses Wichtelchen in dir, das plötzlich aus seinem Versteck hervorhüpft und seinen Unfug treibt." Ines wird dieses Bild wahrscheinlich mit einer gewissen Erleichterung akzeptieren, weil es ein Bild für ihre innerlichen Ambivalenzen darstellt. Die Mutter könnte fortfahren: „Kannst du mir sagen, wie es aussieht, dein kleines, böses Wichtelchen?" Oder: „Wenn dieses Wichtelchen reden könnte, was würde es dann sagen?" Möglicherweise wird Ines antworten: „Ich mag dieses Baby nicht. Alle schauen nur auf das Baby." Geben Sie nicht sofort Erklärungen oder Belehrungen, denn das verursacht Blockaden. Aktives Zuhören ist angesagt, um Ines zu unterstützen, über ihre negativen Gefühle weiter zu reden und alles auszudrücken, was sich „unter der Spitze des Eisbergs" verbirgt: „Du ärgerst dich, dass sich alle so sehr um das Baby kümmern und fühlst dich zu wenig beachtet... Kann das sein?"

Wie können wir Kinder verantwortlich und handlungsfähig machen?

„Was glaubst du, könnte deinem Wichtelchen helfen, sich gut zu fühlen und gut zu benehmen?“ Antwort abwarten, darauf eingehen und nach Lösungen suchen. Rückmeldung einholen, gute Vorsätze verankern, konkrete Maßnahmen überlegen und Konsequenzen vereinbaren. Sie können ein Signal zur Erinnerung vereinbaren (z.B. in die Hände klatschen oder Signalwort „Wichtelchen!“ rufen). Die Mutter sollte neben Ines stehen bleiben, wenn wieder Babybesuch kommt und sie gleich wegholen, wenn sie sich wieder anschickt, aggressiv zu werden. Dann muss sie eine Weile neben ihrer Mutter sitzen bleiben. Wenn es wieder passiert, dann muss Ines zur Strafe auf etwas verzichten oder etwas zur Wiedergutmachung tun.

Nach diesem ernsten Gespräch sollten Sie sich versichern: „Hast du das gut verstanden?“ Auf ein treuherziges „Ja“ müssen Sie das würdigen: „Das freut mich. Ich weiß, du bist ein liebes, braves Mädchen.“ Nun braucht Ines Zuwendung und Abstand. Nehmen Sie sie in die Arme. Dann ist es Zeit zum Thema wechseln – spielen, spazieren gehen oder die nächstfolgende Verrichtung machen.

Kinder lieben Bilder. Sie machen innere Persönlichkeitsanteile sichtbar und helfen, Ambivalenzen spürbar und Verhalten kontrollierbar zu machen. Wohlverhalten soll nicht erkauft werden. Aber wenn Eltern jede Verbesserung mit Anerkennung würdigen, wird Ines immer weniger Aggressionen verspüren und diese unter Kontrolle bringen.

Wie Kinder teilen lernen

Die kleine Tamara (5) mag nicht gerne teilen. Sie will alles für sich behalten. Die Mutter will nicht, dass Tamara egoistisch wird und ärgert sich, dass sie wieder einmal nichts von ihrer Orange hergeben möchte. Manchmal entrutscht ihr: „Du bist aber ein Neidhammel!" oder ein belehrendes: „Brave Kinder teilen gerne!" Ein anderesmal versucht sie es mit Betteln: „Bitte, bitte, nur ein kleines Stückchen!"

Auf Druck und Manipulation verzichten

Wenn wir Kinder motivieren möchten, positives Sozialverhalten zu entwickeln, müssen wir auf Druck und Manipulationen verzichten. Vielmehr ist es wichtig, Verständnis für die Schwierigkeit zu zeigen, etwas herzugeben, und für das kindliche Recht, sich abzugrenzen. Ehrlich: Es fällt auch uns Erwachsenen nicht leicht, zu teilen. Noch weniger lassen wir uns gerne zwingen, etwas herzugeben. Nur wenn wir uns frei, verstanden und respektiert fühlen, können wir über uns selbst hinauswachsen.

Verständnis für die Schwierigkeit zeigen

Lösungsansatz: Die Mutter kann einfühlsam und wertfrei Gefühle „spiegeln": „Du liebst Orangen. Deshalb fällt es dir nicht leicht, davon etwas herzugeben..." (Stimme oben lassen, als Einladung zum Bestätigen oder Dementieren). Tamara wird sich verstanden fühlen: „Ja. Sie gehört mir!" Die Mutter nimmt zur Kenntnis: „Darum willst du sie ganz alleine essen.“ Sie kehrt zu ihrem Anliegen zurück und sagt offen und direkt: „Ich würde mich aber sehr freuen, wenn du mir ein Stück davon gibst!“

Auch Kinder haben ein Recht, sich abzugrenzen

Durch das erfahrene Verständnis der Mutter und ihre offene Bitte ist Tamara wahrscheinlich schon so weit, freiwillig über „ihren eigenen Schatten“ zu springen und zu sagen: „Hier Mama, das ist für dich!“ worauf die Mutter nur noch zu würdigen braucht: „Danke! Ich freu mich, dass du mit mir teilst.“ Sollte der Widerstand weiter bestehen, ist es gut, das Nein zu akzeptieren: „Schade, dann eben nicht!“ Sie könnte hinzufügen: „Aber ein anderesmal wirst du mit mir teilen?“ Auf diese höfliche Frage kommt bestimmt eine Zustimmung. Wenn nicht, könnte die Mutter hinzufügen: „Ich werde dich einfach wieder fragen. Dann kannst du dich immer noch entscheiden.“ Tamara wird ihre Grenze respektiert fühlen und ist dadurch viel eher motiviert, bei nächster Gelegenheit etwas herzugeben.

Teilen üben

Bringen Sie Ihr Kind hin und wieder in Situationen, in welchen es die neue Tugend einüben kann: „Diese Packung ist für dich und deine Freunde. Teil sie jetzt aus!“ So kann es erfahren: „Geteilte Freude ist doppelte Freude.“ Manche Kinder sind derartig freigiebig, dass man manchmal einbremsen muss, damit sie ihre Großzügigkeit nicht später bereuen: „Bist du sicher, dass du deinen Teddy hergeben möchtest? Überleg es dir bis morgen. Ich möchte nicht, dass es dir später leid tut!“

Wenn Kinder lügen
Oder: Schwindler, Wichtigtuer und Märchenerzähler

Groß kann die Enttäuschung sein, wenn wir dahinter kommen, dass unsere „unschuldigen" Kleinen uns gelegentlich ganz schön an der Nase herum führen und manchmal verschmitzte oder auch dreiste Lügen servieren. Empörung mag sich in Ihnen regen oder die Frage „Was hab ich falsch gemacht?" Bei solchen Anlässen ist es immer gut, zu hinterfragen, was dieses Fehlverhalten wohl mit einem selber zu tun hat. Eine selbstkritische Innenschau kann nicht schaden.

Der Fehler muss aber nicht automatisch bei Ihnen liegen. Lügen ist nun einmal ein Teil unseres menschlichen Verhaltensspektrums und wird durchaus auch von Kindern oft schon sehr gekonnt angewendet.

Kleine Kinder erzählen gerne Märchen

Wenn es sich um kleinere Kinder handelt, muss man wissen, dass insbesondere kreative, fantasiebegabte Kinder oft einfach aus ihrer Fantasie heraus „Märchen" erzählen und später dann mit Neugier beobachten, welche Reaktionen sie damit auslösen. Dies ist auch ein Kennzeichen der sogenannten magischen Phase im Kindergartenalter. Durch aktives Zuhören können Sie in die Welt Ihres Kindes eintauchen und ihm ermöglichen, die wertvolle Gabe der Fantasie auszubilden und auszudrücken, um ihm dann klar, aber behutsam (statt: „Du sollst nicht lügen!") den Unterschied zwischen Fantasie und Wirklichkeit, Wahrheit und Lüge zu erklären. Dann wird es mit der Zeit verstehen, dass Wahrheit und Klarheit wichtige Voraussetzungen für das Gelingen zwischenmenschlicher Beziehungen sind.

Warum Kinder lügen

Beim richtigen Lügen geht es im Wesentlichen um zwei Dinge: Entweder das Kind lügt aus Angst oder weil es damit etwas bezwecken will, was es glaubt, mit anderen Mitteln nicht erreichen zu können. Verzichten als moralische Haltung ist etwas, was es erst mit Ihrer liebevollen Unterstützung lernen muss. Es ist eine

Haltung, die durchaus nicht selbstverständlich oder gar angeboren ist. Angeboren ist jedoch unser menschlicher Geltungstrieb und der Wunsch, unsere Bedürfnisse zu befriedigen und unsere Wünsche und Anliegen durchzusetzen.

Es ist also wichtig, dass es die Möglichkeit hat, seine Wünsche und Meinungen durchzusetzen oder dass sie zumindest von Ihnen ernst genommen werden. Es liegt an Ihnen, Ihrem Kind zu zeigen, welche Mittel und Wege angebracht sind (z.B. eine höflich formulierte Bitte), um sich durchzusetzen, anstatt zu lügen oder sonst irgendwelche Tricks anzuwenden. Es soll erleben können, dass Sie verhandlungsbereit sind und dass mit guten Argumenten und Fairness etwas zu erreichen ist.

Lügen als Mittel zum Zweck

Lügen werden oft als Mittel zum Zweck eingesetzt, um Vorteile zu erlangen („Wir brauchen 10 Euro für die Klassenkassa“ statt „Ich will ins Kino gehen“) oder um Schwierigkeiten oder Anstrengungen zu vermeiden („Wir haben keine Hausübung“ statt „Ich mag lieber Fernsehen“).

Wenn Sie Ihr Kind also beim Lügen ertappen, ist es wichtig, ein ernstes aber verständnisvolles Gespräch zu führen, um herauszufinden, welche Bedürfnisse das Kind mit der Lüge befriedigen wollte. Dann helfen Sie ihm, seine Wünsche nach Wichtigkeit und Dringlichkeit selber zu bewerten und gemeinsam nach Möglichkeiten zu suchen, diese in die Wirklichkeit umzusetzen oder einen Weg zu finden, sich Schwierigkeiten und Herausforderungen zu stellen. Dann wird es akzeptieren, dass der leichte Weg nicht immer der beste ist und schrittweise Frustrationstoleranz und Verzichten lernen.

Lügen aus Angst vor Strafe

Die andere große Ursache für kindliches Lügen ist die Angst: Angst vor Strafe, Angst vor Schimpfen, Angst vor Verboten oder auch Angst, Ihnen weh zu tun. Angst ist auf alle Fälle ein schlechtes Erziehungsmittel, selbst wenn es Ihnen gar nicht bewusst sein mag, dass Ihr Verhalten Angst auslöst. Es ist wichtig, dass Ihr Kind Ihnen alles sagen kann, ohne sich fürchten zu müssen und ohne sich unter Druck zu fühlen, beispielsweise durch Fragen, die sich anfühlen wie ein Verhör. Gerade, wenn etwas schiefgelaufen ist (die eingeschlagene Fensterscheibe, der Fünfer im Zeugnis, der Kaufhausdiebstahl etc.) zeigt es sich, ob die Vertrauensbasis zwischen Eltern und Kindern tragfähig ist.

Seien Sie offen, direkt, aber nicht bedrohlich

Wenn Sie Ihr Kind beim Schwindeln ertappen, geben Sie nicht gleich eine Botschaft von sich wie etwa: „Du Lügner! Jetzt bist du unten durch bei mir!“ sondern versuchen Sie es unter vier Augen zu konfrontieren, indem Sie den Vorgang in kleine Schritte zerlegen: 1) Ihre objektive Wahrnehmung: „Ich habe vorhin diesen Knall gehört und sehe, dass die Scheibe kaputt ist. Ich kann nicht glauben, dass es der Wind war, denn das hört sich anders an.“ 2) Ihre Vermutung (nicht Unterstellung): „Ich habe das Gefühl, dass du mir nicht die Wahrheit gesagt hast.“ 3) Stellungnahme abwarten (z.B. durch einladendes Schweigen, um Ihrem Kind Zeit und Raum zu geben) oder einfordern: „Ich möchte, dass du mir ehrlich erzählst, wie sich das zugetragen hat.“ Vermeiden Sie einen drohenden Unterton. Wenn Ihr Kind zögert, versichern Sie ihm, dass es Ihnen vor allem um die Wahrheit geht und dass es keine Strafe geben wird, nötigenfalls aber Konsequenzen.

Wenn Sie merken, dass momentan nicht der geeignete Zeitpunkt für ein Gespräch ist, vereinbaren Sie ein „Time-out“: „Denk darüber nach. Wir unterhalten uns morgen Nachmittag darüber.“

Um offen zu sein, muss das Kind Vertrauen haben. Vertrauen kann es aber nur, wenn Sie auch wirklich vertrauenswürdig sind. Das geht nur, wenn es keine Bedrohung und keinen Druck spürt, sonst wird es nach weiteren Lügen oder Ausreden suchen, oder einen anderen beschuldigen. Wenn es noch immer Hemmungen hat oder Widerstand zeigt, hilft eine Abmachung: „Du musst mir nicht alles sagen. Aber ich wünsche mir, dass das, was du sagst, auch wahr ist.“ Erklären Sie Ihrem Kind auch, wie wichtig Ihnen die gegenseitige Vertrauensbasis ist, die durch das Lügen untergraben wird.

Wenn Kinder stehlen

Die häufigste Form des kindlichen Stehlens, die hineinreicht bis ins Jugendalter, ist der Kaufhausdiebstahl, bei dem verschiedene Komponenten zusammentreffen, u.a. unsere verlockende Konsumwelt, die aggressive Werbung („Ich will alles, und zwar sofort"), die Anonymität des Geschädigten, die günstige Gelegenheit, das Gefühl „was ist schon dabei – andere tun's ja auch", oder aber Stehlen als Mutprobe, um „dabeizusein", unter Gruppendruck.

Kaufhausdiebstahl kommt sehr häufig vor, auch in den besten Familien, unabhängig von der materiellen Situation der Eltern. Wird in der Familie versucht, Werte angemessen zu vermitteln, hört das Kind meist von selber damit auf, wenn es eine bestimmte Reife erreicht hat. Oft hilft ein heilsamer Schock – wenn es nämlich erwischt wird. Wie sollen sich Eltern verhalten, wenn sie mit einer solchen Situation konfrontiert werden?

Nicht kriminalisieren, aber auch nicht verharmlosen

Wenn Sie in die Wachstube zitiert werden, versuchen Sie ruhig und sachlich zu bleiben. Äußern Sie Ihr Gefühl der Überraschung oder Enttäuschung, aber fangen Sie nicht an zu toben und zu drohen oder Ihr Kind zu beschimpfen. Lassen Sie sich die Sachlage erklären (auch von Ihrem Kind) und fragen Sie, was zu tun ist. Lassen Sie Ihr Kind spüren, dass Sie mit seinem Verhalten nicht einverstanden sind, aber dennoch zu ihm halten. Gerade in dieser Situation der Peinlichkeit und der Schuldgefühle braucht es Ihre emotionale Unterstützung ganz besonders. Aber lassen Sie sich keine billigen Ausreden aufschwatzen und versuchen Sie auch nicht, die Taten Ihres Kindes den Behörden gegenüber zu

verharmlosen. Die Wahrheit ist immer die beste Medizin. Und sehen Sie den Vorfall bitte nicht als persönliche Schande und Schmach.

Das vertrauliche Gespräch

Zu Hause angekommen, wählen Sie einen günstigen Moment für ein Gespräch, vielleicht erst am nächsten Tag, wenn der erste Schock vorbei ist. Es sollten keine Außenstehenden dabei sein, auch nicht Geschwister. Es geht nicht darum, etwas zu verheimlichen, sondern darum, eine Atmosphäre des Vertrauens zu schaffen, in der das Kind ohne Druck und ohne Angst über alles sprechen kann. Es ist wichtig, dass Sie erfahren, welche Motive für Ihr Kind tatsächlich ausschlaggebend waren. Achten Sie darauf, es nicht mit Fragen in's Eck zu drängen. Sonst kann es sich nur verteidigen oder als Rechtfertigung die Schuld bei anderen suchen, nicht aber die eigenen Fehler zugeben. Stellen Sie offene Fragen, die das Kind auf seine Weise beantworten kann, z.B.: „Kannst du mir sagen, wie es dazu gekommen ist?" Jetzt ist es wichtig, dass Sie gut zuhören, das Kind ausreden lassen, dass es seine Sicht der Dinge darstellen kann, ohne sich verteidigen zu müssen. Ermutigen Sie es, seine Taten selber zu beurteilen, denn nur so kann Einsicht wachsen.

Nun können Sie Ihre eigene Meinung dazu einbringen – erst jetzt wird Ihr Kind diese ohne Abwehr anhören und dafür empfänglich sein.

Wiedergutmachung und Konsequenzen

Dann soll es darüber nachdenken, wie es die Sache wieder gutmachen kann. Einigen Sie sich gemeinsam über die Vorgangsweise. Strafe im herkömmlichen Sinn kann man sich meist sparen, nicht aber die Konsequenzen, auch wenn sie hart sind. Das kann ein öffentliches Bekenntnis, eine persönliche Entschuldigung beim Geschädigten oder eine Wiedergutmachung in Form von Taschengeldkürzung sein. Ihr Kind soll die Maßnahme nicht als Demütigung oder übertriebene Härte empfinden. Es soll lernen, Konsequenzen zu tragen und Sie können es dabei unterstützen, zum Beispiel, indem Sie sich an der Wiedergutmachung aus Solidarität beteiligen.

Elterliche Gewissenserforschung

Das Stehlen ist sehr häufig aber auch Ausdruck eines emotionalen Defizits und will ausdrücken: „Mir fehlt etwas!" In unserer hektischen, gestressten Welt, in der auch wir Erwachsene häufig an die Grenzen unserer Belastbarkeit gelangen, bleibt oft zu wenig Zeit für unsere Kinder. Die knappe Familienzeit wird noch dazu in einem hohen Ausmaß von Fernseher und Computer belegt. Man will sich amüsieren, ablenken, zerstreuen – und verliert an Gesprächs- und Beziehungsqualität. Kinder bekommen häufig nicht mehr die Zeit und die Aufmerksamkeit, die sie brauchen. Kommen auch noch Familienkrisen hinzu, ist das Stehlen manchmal Ausdruck eines emotionalen Hilferufs. Dann brauchen Kinder nicht noch mehr Konsumersatz, sondern Zuwendung.

Vor allem aber stempeln Sie Ihr Kind nicht als „Dieb" ab und wärmen Sie den Vorfall nicht bei jeder Gelegenheit auf, wenn Sie sich über das Kind ärgern. Gerade in solchen Situationen wissen Kinder Ihre Haltung des Verständnisses, der Solidarität und des Vertrauens besonders zu schätzen und sie können gestärkt aus dieser Krise hervorgehen.

Erziehung zur Rücksichtnahme

Oft habe ich darauf hingewiesen, wie wichtig es ist, dass wir unseren Kindern gestatten, ihre Gefühle und auch ihren Unmut zu äußern und dass wir Eltern lernen müssen, angemessen darauf zu reagieren.

Vor lauter Liebe und Rücksichtnahme sollen wir aber keineswegs darauf vergessen, diese Tugenden auch in unseren Kindern zu wecken: Zum einen durch unser gutes Vorbild, zum anderen, indem wir ihnen auch unsere Bedürfnisse mitteilen und ihnen sagen, was wir uns von ihnen erwarten.

Kleine Aufträge geben

Es geht darum, sie ganz bewusst, ohne jedoch sie zu überfordern, in die Verantwortung der alltäglichen Abläufe einzubinden. Das kann schon ganz klein beginnen, etwa: „Kannst du mir bitte einen Löffel bringen?“, „Bitte bring mir deinen Pulli. Ich möchte die Waschmaschine einschalten!“, „Ich habe viel zu tun. Kannst du mir bei den Vorbereitungen helfen?“ Schaffen Sie für solch kleine Aufträge eine angenehme Atmosphäre in einer stressfreien Zeit, sodass es beiden Seiten Freude bereitet. Dann wird Ihr Kind Ihnen zuliebe ganz selbstverständlich einmal sein Spiel unterbrechen. Manchmal müssen Sie die Wichtigkeit Ihres Anliegens wiederholen oder durch gute Argumente unterstreichen. Nehmen Sie aber auch Einwände ernst, wenn Ihrem Kind einmal nicht nach Helfen zumute ist.

Rücksichtnahme einfordern

„Bitte rutsch etwas hinüber, dann habe ich auch noch Platz!“ – „Im Nebenzimmer schläft das Baby. Kannst du etwas leiser spielen?“ oder: „Jetzt möchte ich mich mit Tante Jenny unterhalten. Kannst du bitte allein spielen?“ So wird Ihr Kind daran gewöhnt, dass man ihm etwas zutraut und es somit ernst nimmt.

Warten lernen

Wenn das Kind gewohnt ist, im Mittelpunkt zu stehen, wird sich bei einer solchen Bitte vielleicht Eifersucht regen und es kann alle zwei Minuten mit einem „Problem“ zu Ihnen kommen oder sich einfach permanent in die Unterhaltung einmischen. Auch dann gilt: Reagieren Sie mit Geduld, gönnen Sie ihm einen kleinen Auftritt, treffen Sie gemeinsam Vorkehrungen für seine eigenständige Beschäftigung (z.B. Malfarben und Papier herrichten), aber machen Sie Ihrem Kind klar, dass auch Ihr Bedürfnis nach Ungestörtheit wichtig ist und dass es, wenn es wieder etwas braucht, abwartet, um Sie nicht mitten im Satz zu unterbrechen. Tut es das doch, dann beachten Sie es nicht und fragen Sie erst, nachdem Sie fertig gesprochen haben: „Was möchtest du mir sagen?“ Lassen Sie es von vorne damit beginnen. Oder: „Ist es so wichtig, dass es nicht eine halbe Stunde warten kann? Ja? Dann sprich!“

Mamazeit, Elternzeit

Machen Sie Ihr Kind damit vertraut, dass auch Sie Bedürfnisse haben und Zeit für sich selber brauchen. Überlegen Sie einen zumutbaren Zeitpunkt und eine zumutbare Dauer und sagen Sie: „Ich brauche nach dem Essen etwas Zeit zum Entspannen. Bist du noch durstig? Womit möchtest du dich beschäftigen?“ Wenn das Kind gut versorgt ist, sagen Sie: „So, jetzt möchte ich nicht gestört werden.“ Treffen Sie eine möglichst konkrete Vereinbarung, bis Sie beispielsweise Kaffee und Kuchen hatten und die Teller weggeräumt haben. Danach loben Sie Ihr Kind. Sagen Sie ihm, wie angenehm diese Zeit für Sie war und wie sehr Sie sich freuen, so ein rücksichtsvolles Kind zu haben.

Auch die Elternzeit ist sehr wichtig. Der Abend gehört Mama und Papa, die Kinder gehören beizeiten ins Bett, damit noch ausreichend Zeit für die Partnerschaft bleibt. Wenn Kinder tagsüber genug Aufmerksamkeit und ein schönes Abendritual bekommen, ist ihnen diese Haltung durchaus zuzumuten – es sei denn, sie sind krank oder ähnliches. Dann haben Sie ausgeschlafene Kinder und einen zufriedenes Eheleben.

Schritte der Umsetzung

Überzeugen Sie sich, dass alle Bedürfnisse befriedigt wurden (Wasser, WC, etc.). Ihr Kind kann noch immer nicht einschlafen? Kein Problem! Ruhig im Bett liegen bleiben (mit Kuscheltier und/oder Spieluhr) kann es allemal. Sie werden staunen, wie schnell der Schlaf kommt, wenn es weiß, dass seine Inszenierungen nichts bewirken.

Ein häufiger Erziehungsfehler besteht darin, unsere Kinder viel zu wenig mit unseren Bedürfnissen zu konfrontieren und sie daran zu gewöhnen, rücksichtslos und verwöhnt zu sein. Wenn sie größer werden, wird es ihnen dann vorgeworfen. Das muss doch nicht sein, oder?!

Kindern etwas zutrauen

Wenn Sie angemessene Forderungen stellen und Ihre Anliegen positiv formulieren, drücken Sie damit aus, dass Sie Ihrem Kind zutrauen, Rücksicht zu nehmen und seinen Beitrag zum Gelingen des Familienlebens zu leisten. Solche Botschaften kommen gut an, stärken das Selbstbewusstsein des Kindes und das gegenseitige Vertrauen. Deshalb sollte „gesunder Egoismus“ die Erziehung möglichst von klein auf begleiten.

Kapitel 9

Anregungen zur Selbstreflexion

Kinder ins Leben zu begleiten ist eine der natürlichsten, aber auch größten Herausforderungen für Menschen. In diesem Kapitel will ich Ihren Blick vor allem dafür schärfen, zu erkennen, welchen Beitrag wir möglicherweise selber an manchen Schwierigkeiten oder Konflikten haben. Niemand ist perfekt und es gehört zu unserem Menschsein dazu, Fehler zu machen. Das ist gewissermaßen auch Ihr gutes Recht, auch als Mutter oder Vater. Auch wir sind Menschen in Entwicklung und dazu berufen, täglich dazuzulernen. Jeder von uns trägt seinen ganz persönlichen Rucksack an guten und belastenden Erfahrungen mit sich herum. Was wollen wir behalten und weitergeben, was sollte entrümpelt werden? Ich möchte Sie ermutigen, ehrlich auf Ihre Schwachstellen zu schauen und daran zu arbeiten, auch wenn es Überwindung kostet. Genau dann sind Sie authentisch und haben gute Chancen, Unstimmigkeiten immer wieder prompt zu bereinigen, anstatt Fehlentwicklungen aufstauen und anwachsen zu lassen. Oft sind Kinder geradezu der Spiegel unserer eigenen Unvollkommenheit und manchmal können wir ihr Verhalten vielleicht gerade deshalb so schwer akzeptieren.

Eines ist gewiss: Die Erziehung von Kindern stellt hohe Anforderungen an Eltern und PädagogInnen. Wir müssen lernen, Rücksicht zu nehmen, unsere Bedürfnisse hintan zu stellen, Frustrationen zu ertragen, Geduld, Selbstbeherrschung und Einfühlungsvermögen zu üben, Klarheit, Durchblick und Entschlossenheit zu gewinnen, Ordnung und Zeitmanagement zu optimieren, Verantwortung zu tragen und vieles mehr.

Um dies alles bewältigen zu können, brauchen Sie wertvolle geistige Nahrung. Eine gute Möglichkeit besteht darin, jeden Abend den Tag Revue passieren zu lassen und sich zu überlegen, was Ihnen gut gelungen ist und was Ihnen Freude gemacht hat. Beten Sie um Kraft und Segen für Ihre Familie. Überle-

Auch der Weiseste
kann unermesslich viel von Kindern lernen.

Rudolf Steiner

gen Sie auch, was anders hätte laufen können oder sollen und wie Ihr eigenes Verhalten konstruktiver werden kann. Schön ist es, wenn Sie sich wertschätzend mit Ihrem Partner darüber austauschen können. Suchen Sie Menschen Ihres Vertrauens auch außerhalb Ihrer Partnerschaft in Elternrunden, Beratung und Elternbildung. Dabei geht es nicht nur ums Probleme wälzen, sondern Sie bekommen auch Gelegenheit, zu reflektieren, Freude zu teilen und Kraft zu tanken.

Lassen wir uns von den Anforderungen der Elternschaft schleifen wie ein wertvoller Diamant, um an Kompetenz und Reife zu gewinnen! Wenn Sie diesen mühsamen und manchmal auch schmerzhaften Prozess zulassen, anstatt sich dagegen zu sträuben, dann wird Ihr Leben immer spannender und leichter, gute Laune und Lachen stellen sich immer öfter ein, weil wir uns selber nicht so wichtig nehmen und dennoch täglich über uns selbst hinaus wachsen können.

Möge Ihre Elternschaft Ihnen Dankbarkeit und Freude schenken und die Kraft, jedem neuen Tag mutig entgegenzusehen.

Humor – Spaß und Spott

Erich, der Stiefvater, liebt es zu necken, und Martin (6) lacht gerne mit ihm. Aber manchmal versteht Martin einfach keinen Spaß – so z.B. beim Abendessen, wenn Erich dem Jungen „spaßhalber" das eine oder andere Häppchen vom Teller klaut oder so tut als ob. Manchmal kippt die Situation einfach um. Dann wird aus dem Spiel plötzlich Ernst. Martin mag einfach in Ruhe essen und sicher sein, dass ihm keiner etwas wegnimmt. Wenn ihn sein Stiefvater dann auch noch „Spielverderber" nennt oder meint „Du verstehst überhaupt keinen Spaß!" gerät das Kind aus der Fassung. Dann kann Martin richtig aggressiv werden und bekommt erst recht seine „Schimpfer". Ist das notwendig?

Sich nicht auf Kosten der Kleinen amüsieren

Was ist passiert? Gerade Kinder können doch am besten Spaß machen und am herzlichsten lachen. Ja, aber Kinder verstehen nur herzlichen, guten Humor. Hier fühlte sich Martin gehänselt und verunsichert. Ich glaube, dass Erwachsene gut beraten sind, wenn sie achtsam mit Kindern umgehen und deren Grenzen respektieren.

Achten Sie darauf, wann der Spaß kippt

Wenn Sie spüren, dass das Kind verunsichert, verletzt oder gereizt auf Ihre Scherze reagiert, dann sollten Sie lieber einlenken und sich entschuldigen – anstatt womöglich selber – wie hier Martins Stiefvater – beleidigt zu sein und Vorwürfe zu machen (statt: „Du verstehst keinen Spaß" könnte er sagen: „Ich hab das nur zum Spaß gemeint. Bitte sei mir nicht böse"). Hier hat schlicht und einfach der Erwachsene das Ziel verfehlt und sich auf Kosten des Kleinen amüsiert. Schlimm ist es, wenn das Kind dafür verantwortlich gemacht und vielleicht auch noch bestraft wird.

Humor ist eben etwas Feines. Es lohnt sich, den eigenen Anteil anzusehen, wenn es einmal nicht funktioniert und aus dem Spaß ein Drama wird.

Erwachsenenhumor: Nein, danke

„I'm so happy, I could just shit!" – Die kleine Pamela ist vier Jahre alt, als die Familie an einem Sonntagmorgen gemütlich beim Frühstück sitzt. Ihr Onkel trägt ein amerikanisches Urlauber T-Shirt, auf dem man einen lustigen grünen Frosch sieht und darunter die oben zitierte Aufschrift. Neugierig fragt die kleine Pamela: „Du, Mama, was heißt denn das?" Treuherzig übersetzt diese wortwörtlich.

Erstaunen und Verärgerung

Das Kind sieht sie mit großen Augen und einer Mischung aus Erstaunen und Verärgerung an: „Nein Mama, das ist nicht möglich! Was heißt denn das wirklich?" Die Mutter wiederholt naiv. Verzweifelt und verärgert beginnt Pamela zu schluchzen. Nun ist es an der Mutter, zu staunen. Mit so einer heftigen Reaktion hat sie nicht gerechnet. Jetzt erst kapiert sie: Das Kind ist mit dieser Art von Humor eindeutig überfordert. Es scheint zu sagen: „Entweder man macht sich schamlos über mich lustig oder die Erwachsenen sind übergeschnappt." Es hatte sie bisher immer für vertrauenswürdig und vernünftig gehalten. Wie können sie so einen Schwachsinn von sich geben? Als die Mutter merkt, dass für die kleine Tochter eine Welt zusammenzubrechen droht, greift sie zu einer Notlüge und fügt hinzu: „Wir haben gescherzt. Das war nicht so gemeint. Bitte verzeih! Es soll heißen: ‚Ich bin so glücklich – ich könnte hüpfen vor Freude'."
Erst nach und nach beruhigt sich das kleine Mädchen.

Nichts für Kinderseelen

Ironie, Sarkasmus, Spott, Schadenfreude und dergleichen sind nichts für Kinderseelen. Humor für Kinder muss lustig, herzlich und womöglich aufbauend sein. Auch Erwachsene sollten sich gelegentlich fragen: „Würde man jetzt über mich lachen – könnte ich es auch dann noch lustig finden?"

Es gibt Humor, der heilt und Humor, der verletzt. Welchen wählen Sie?

„Die Susi ist so stur!“

So sagt der Vater halb kritisch, halb stolz und fügt einer Bekannten gegenüber noch hinzu: „Sie ist immer so lästig!“, als Susi gerade mit der Mutter darüber verhandelt, ob sie ihren Teddy auf den Ausflug mitnehmen darf oder nicht.

Manchen Eltern ist nicht bewusst, wie machtvoll abwertende Bemerkungen Dritten gegenüber auf die Seelen ihrer Kinder wirken. Wie würden Sie sich fühlen, wenn der Chef über Sie verkündet: „Der Mayer ist so stur, so faul etc.?“ Kinder „schnappen“ viel mehr auf, als wir denken. Selbst wenn ein kleines Kind nicht alles bewusst versteht, so spürt es doch die Abwertung. Solche Äußerungen sind wie ein Stempel, eine Festschreibung. Sie irritieren und prägen die Kinderseele, weil sie auf das Unterbewusste wirken.

Durch unbedachte Äußerungen prägen sich gerade solche Eigenschaften ein, die wir nicht wünschen – und trüben unsere Beziehung zum Kind. Ist die Bedeutung auch noch ambivalent, weil eigentlich gar nicht so gemeint, dann kennt sich die Kinderseele erst recht nicht aus.

Wenn ihn das Verhalten Susis stört, wäre es wohl wesentlich fairer, wenn der Vater eine ruhige Minute für eine Aussprache findet, anstatt seine Tochter Dritten gegenüber bloßzustellen.

Kinder müssen nicht perfekt sein

Welchen Vollkommenheitsanspruch haben wir eigentlich Kindern gegenüber? Können wir sie nicht einfach so akzeptieren, wie sie sind? Außerdem können viele Eigenschaften zu Qualität werden, wenn wir Kinder dabei richtig begleiten.

Es kann auch nicht schaden, wenn sich Erwachsene fragen, ob denn die Sturheit möglicherweise nicht auch mit uns etwas zu tun hat: Vielleicht lassen wir es unseren Kindern gegenüber einfach an Verständnis für ihre Wünsche und Bedürfnisse mangeln. Wenn wir uns ändern, gibt sich das „Stursein“ möglicherweise wie von selbst.

„Ausnahmsweise!“

„Mama, darf ich mir diesen Film anschauen?“, „Kann ich noch ein Bonbon haben?“, „Darf ich zur Party mit Ingrid?“ Im Erziehungsalltag gibt es häufig Situationen, bei denen es darum geht, die Grenzen des Erlaubten abzustecken. Tagtäglich ringt Ihr Nachwuchs um mehr Freiheit und darum, den eigenen Willen gegen den Ihren durchzusetzen. Manchmal machen unsere lieben Kleinen dies mit Charme und Diplomatie und wir merken oft selber als Letzte, wie gut sie uns manipulieren können. Manchmal sind sie quengelig oder aufsässig und wir haben die Auseinandersetzung satt. Lieber geben wir nach und stimmen der „billigen“ Lösung zu, mit dem Vermerk „ausnahmsweise“. Wenn allerdings die Ausnahme zur Regel wird, kann es sein, dass Sie immer mehr den Einfluss auf Ihre Kinder verlieren und Sie in entscheidenden Situationen nichts mehr zu sagen haben oder Sie sich dann nur noch mit unangemessener Härte durchsetzen können.

Selbstbeobachtung und Kritikfähigkeit

Ich lade Sie ein, sich bewusst zu machen, wie häufig Sie im Umgang mit Ihren Kindern das Wort „ausnahmsweise“ verwenden oder in anderer Form zu schnellem Nachgeben neigen. Beobachten Sie sich eine Zeit lang oder bitten Sie Ihren Partner/Ihre Partnerin oder eine andere Ihnen nahestehende Person, Ihnen darüber Rückmeldung zu machen. Wenn Sie nun zum Schluss kommen, dass Sie Handlungsbedarf haben, dann helfen Ihnen womöglich folgende Tipps:

Einfühlsam, demokratisch, aber konsequent

a) Beachten Sie die legitimen Bedürfnisse nach Aufmerksamkeit und Zuwendung, ohne dass Ihre Kinder diese erst durch ungute Manöver einfordern müssen. b) Wenn sie etwas von Ihnen wollen, dann verlassen Sie die Ebene des „ich erlaube“ bzw. „ich verbiete“ und laden Sie Ihre Kinder ein, konstruktive Vorschläge zu machen, indem Sie auch Ihre eigenen Bedürfnisse in die Waagschale legen. Dann haben Ihre Kinder es nicht mehr nötig, Sie an der Nase herumzuführen oder sonst irgendwie „auszutricksen“. c) Wenn es aber um die Einhaltung von Regeln geht oder eine Situation wirklich Ihrer Erlaubnis bedarf, achten Sie darauf, dass Ihr Wort respektiert und befolgt wird und „ausnahmsweise“ wirklich ausnahmsweise bleibt.

Mein Problem – dein Problem?

Frau Müller ärgert sich, dass ihre Tochter Nadja (4) der Kindergartenpädagogin zur Begrüßung jeden Morgen die Hand geben muss. Das Erlernen von Kulturtechniken und Ritualen ist Teil der dortigen Erziehungsmaßnahmen. Frau Müller hat Aversionen. Sie erinnert sich daran, wie sehr starre Benimm-Regeln ihre Erziehung bestimmt haben, sinnlose und demütigende Dressurakte. Sie hat jahrelange Therapien benötigt, um damit klar zu kommen. Das will sie ihrer Tochter ersparen. Sie soll nichts machen müssen, was sie nicht will. Soll sie gegen die Betreuerinnen ankämpfen? Ihre Tochter zum Widerstand ermutigen?

Unterschiedliche Emotionen

Wir dürfen nicht automatisch davon ausgehen, dass unsere Kinder dieselben Empfindungen haben wie wir. Vielleicht hat Nadja gar kein Problem mit dem Händeschütteln. Vielleicht liebt sie ihre Betreuerinnen, weil sie für anregende Spiele und ein gutes Klima zwischen den Kindern sorgen. Vielleicht macht sie das Begrüßungsritual gerne mit, auch wenn sie sich erst daran gewöhnen muss.

Nach der persönlichen Bedeutung fragen

Statt Kinder „aufzuwiegeln“ tun wir gut daran, das Thema anzuschneiden und nachzufragen, welche Einstellungen und Emotionen für das Kind damit verbunden sind. Das Händeschütteln ist nicht das Problem, sondern ob dieses Ritual einfühlsam und respektvoll vermittelt wird. Ob gelegentlicher kindlicher Widerstand zugelassen und geklärt wird. Dann wird Nadja kein Prob-

lem damit haben, sich in die Erwartungen und Vorgaben im Kindergarten einzufügen.

Begleiten statt „drüberstülpen"

Es ist also wichtig, dass die Mutter ihre persönlichen Aversionen nicht ihrer Tochter „drüberstülpt". Das ist ihre Geschichte! Sie sollte ihre Tochter nicht damit belasten. Eine scheinbar ähnliche Situation kann für Nadja eine ganz andere Bedeutung haben und für sie vielleicht gar kein Problem darstellen. Aktives Zuhören ist angesagt, um die Welt aus den Augen des Kindes zu sehen und ihm bei der Bewältigung seiner Probleme zu helfen. Dann kann Frau Müller ihre Tochter wirkungsvoll unterstützen und sich sinnvoll engagieren – dann, wenn es tatsächlich notwendig ist.

Erzwungene Zärtlichkeiten

„Na, krieg ich denn heute kein Bussi?“ Das Kind widersetzt sich verlegen oder schmollend den angeordneten Zärtlichkeiten. „Da bin ich aber traurig!“ verstärkt Oma mit einem gekünstelten, vorgetäuschten Weinen. Als das auch nichts nützt, droht sie: „Dann kriegst aber kein Zucki!“ und zieht lockend die Packung mit den Süßigkeiten aus der Tasche. Damit kann sie schließlich ihr Enkelkind überzeugen. Zuckerl-lutschend und steif lässt es sich von seiner Oma abschmusen.

Echte Zuneigung kann nur in freier Hingabe entstehen

Auch wenn wir kindliche Zärtlichkeiten noch so sehr lieben: Es ist wichtig, dass wir Kindern von klein auf den Freiraum lassen, den sie brauchen, um Zuneigung spontan und herzlich zeigen zu können. Erwachsene müssen ehrliches Interesse zeigen und warten können, bis ein Kind innerlich bereit ist. Gefühle lassen sich nicht erzwingen, schon gar nicht erkaufen. Damit verderben wir nur den unschuldigen kindlichen Charakter. Sie durchschauen Berechnung, Zwang und vorgetäuschte Gefühle. Sie gehen auf innere Distanz und verlieren früher oder später die Achtung vor Erwachsenen, die ihre Zuneigung erzwingen, erschleichen oder erkaufen wollen.

Wer auch negative Gefühle eines Kindes akzeptieren kann und seine Zuneigung nicht von dessen Wohlverhalten abhängig macht, gewinnt ganz von selbst die Herzen der Kinder. Die Freude über deren spontane Herzlichkeiten ist dann umso schöner.

Haben wir es nötig, Zärtlichkeiten zu erzwingen oder zu erkaufen?

Was geht in einem Erwachsenen vor, der unschuldige Liebe erschleichen möchte? Ist es nicht das Eingeständnis einer gewissen Liebes- und Beziehungsunfähigkeit? Kindliche Zärtlichkeiten als Ersatz für misslungene Beziehungen? Bei Frust in der Partnerschaft? Seien wir ehrlich zu uns selber und scheuen wir uns nicht, auch auf die Schattenseiten unserer Seele zu schauen – um dabei zu entdecken, dass wir es gar nicht nötig haben, zu buhlen. Jeder von uns ist auf seine Weise liebenswürdig – wenn wir damit beginnen, uns selbst von Herzen zu mögen, so wie wir sind – um daraus die Kraft für Entwicklung zu schöpfen.

Schutz vor Missbrauch: Kinder müssen nein sagen lernen

Der Wunsch, Kindern einen respektvollen Umgang mit Erwachsen zu vermitteln, darf nicht so weit gehen, dass sie nicht mehr zu widersprechen wagen. Einem Kind einzutrichtern, dass „es sich gehört" sich von Erwachsenen angreifen oder abschmusen zu lassen, kann gefährlich werden: Dann lernt es nicht, sich in gesunder Weise abzugrenzen und wird leicht zum Missbrauchsopfer. Auf jeden Fall wird es sich schwer tun, seinen eigenen Gefühlen zu trauen und gesunde Ich-Stärke zu entwickeln – obwohl Kinder im Normalfall ein Gespür dafür haben, wenn jemand eine Grenze überschreitet, noch lange bevor es zu einem tatsächlichen Übergriff kommt. Erschlichene Zärtlichkeiten können das psychische Immunsystem des Kindes beschädigen – das kann doch nicht unsere Absicht sein?!

„Aber sag's nicht dem Papa!"

Eine harmonische Familie. Die Kinder sind wohlerzogen, lernen gut in der Schule, der Umgangston miteinander ist höflich und gepflegt. Die Eltern sind stolz auf ihren Nachwuchs. Familienglück, wie sich's jeder erträumt. Doch als der 14-jährige Sohn im Haus seines Freundes eine kostbare Blumenvase mit dem Fußball zertrümmert, ist er verzweifelt. Er überlegt krampfhaft, wie er den Schaden wieder gutmachen kann und fleht die Hausfrau vor allem um eines an: „Sag's nicht dem Papa!"

Es ist schön, wenn Kinder anfangen, Verantwortungsbewusstsein für ihre Taten zu übernehmen. Wenn Sie jedoch merken, dass Ihr Kind Ihnen seine Missgeschicke nicht zu gestehen wagt, dann überlegen Sie bitte, ob Ihre Erziehung nicht doch etwas „zu gut" ist. Werden Anforderungen an Leistung und Prestige zu sehr betont? Wie gehen Sie mit Versagen und Misserfolg um? Hat das Kind Angst vor Strafe? Vielleicht sind die Ängste Ihres Sohnes oder Ihrer Tochter unbegründet. Auf alle Fälle wäre jetzt Klärung erforderlich. Wichtig ist, dass Ihr Kind mit allem zu Ihnen kommen kann!

Ob Ihr Kind Vertrauen hat, zeigt sich in der Krise

Ermutigen Sie es: „Gerade wenn etwas schiefläuft, möchte ich, dass du mit mir darüber sprichst. Daran erkenne ich, ob du Vertrauen zu mir hast. Ich freue mich, dass meistens alles so gut klappt. Das heißt aber nicht, dass bei mir nur ‚Schönwetterkinder' willkommen sind. Schließlich sind wir Eltern auch für Pannen zuständig." Danach können Sie in aller Ruhe über die Sachlage diskutieren.

Ansonsten mag es Ihnen ergehen wie dem Vater jenes jungen Mannes, der, selber bereits erfolgreicher Geschäftsmann, seiner Sekretärin folgende telefonische Anweisung gab: „Ich habe meinen Aktenkoffer vergessen. Schicken Sie mir bitte einen Boten. Aber sorgen Sie dafür, dass mein Vater nichts davon bemerkt!" Ist es jene Art von Respekt, den Sie sich wünschen? Distanzierte Höflichkeit statt Vertrauen? Auch könnte es vorkommen, dass Ihr Kind in entscheidenden Situationen allein dasteht und Sie überraschend mit Tatsachen konfrontiert werden, wenn es vielleicht schon zu spät ist.

„So ein Schwachsinn!"

Eine längst vergessene Episode kam mir anlässlich einer Debatte wieder in den Sinn: Meine älteste Tochter war knapp zwei Jahre alt, als ich mit ihr in die Ambulanz musste. Das Warten war lang und langweilig, und aufgeweckt wie sie war, kletterte sie überall hinauf oder hinunter, griff nach allen möglichen Gegenständen und war einfach nicht zu bändigen. Als wir endlich an der Reihe waren und wir im Ärztezimmer Platz nahmen, fasste sie auch dort überall alles an. In meiner Hilflosigkeit sagte ich zu ihr: „Lass das! Sonst bekommst du von der Frau Doktor eine dicke Spritze in den Popo!" Die Ärztin blickte mir tief in die Augen und sagte mit fester Stimme: „So ein Schwachsinn!"

Lieber eine „kalte Dusche" als „schwarze Pädagogik"

Diese drei Worte waren wie eine kalte Dusche für mich und mir wurde bewusst, wie recht sie hatte: Wer Drohungen und Angst als Erziehungsmittel einsetzt, kann bei Kindern schwere Traumen verursachen. Ein gestörtes Verhältnis zu Ärzten ist nicht selten darauf zurückzuführen. Das nennt sich „schwarze Pädagogik".

Offen für Kritik bleiben

Meine Tochter hat Gott sei Dank kein Trauma davongetragen. Sie wusste nämlich genau, dass das nur leeres Gerede war. Hatte ich es wirklich nötig, mich auf diese Weise lächerlich zu machen? Ab diesem Zeitpunkt wusste ich, dass ich es dringend nötig hatte, die Kunst des Grenzen Setzens zu erlernen, wollte ich von meiner Tochter ernst genommen werden und eine liebevolle, in beide Richtungen wertschätzende Beziehung aufbauen.

Ich habe diese Ärztin nie wieder gesehen, aber ich bin ihr dankbar für diese unverblümte und offene Kritik. Kritik tut weh. Aber bleiben wir offen dafür, denn sie beinhaltet immer auch eine Chance für uns, uns weiter zu entwickeln.

Lassen Sie sich allerdings nicht von jeder Bemerkung verunsichern: Prüfen Sie und wägen Sie ab, was Sie davon annehmen möchten und was nicht. Und wenn Ihnen selber einmal danach zumute ist, jemandem Ihre Meinung zu sagen: Seien Sie mutig, offen, aber auch behutsam – und lassen Sie es nicht an Respekt und Wertschätzung fehlen.

Ob du wahrhaftig friedfertig bist,
erkennt man daran, wie du dich verhältst,
wenn du glaubst, dass dir Unrecht geschieht.

Kapitel 10

Konflikte unter Kindern: Rivalität und Eifersucht

Viele Eltern stöhnen, wenn sie an die täglichen Reibereien im Kinderzimmer denken. Das ewige Gezanke treibt sie beinahe in den Wahnsinn. Dabei bemühen sie sich ehrlich, gerecht zu sein und allen Kindern gleich viel Liebe und Aufmerksamkeit zu schenken. Eine tägliche Herausforderung!

Was ist das Gute am Schlechten? Durch ihre alltäglichen Auseinandersetzungen lernen Kinder auf ganz natürliche Weise, für ihre Rechte und Interessen einzutreten, sich durchzusetzen und fallweise auch nachzugeben. Sie lernen die Grenzen der anderen kennen und respektieren. Sie proben, welche Tricks sie bei wem anwenden können, erkennen, wer sich was gefallen lässt und wann sie damit ein Eigentor schießen. Sie lernen, wie man Verhandlungen führt und auch, wie schön es ist, sich zu versöhnen. Das Kinderzimmer ist eine regelrechte Schule für soziales Lernen.

Wie sollen sich Eltern nun verhalten, wenn sich Kinder die Haare raufen? Tatenlos zusehen? Ein Machtwort sprechen? Wem sollen sie wann Recht geben? Salomonische Weisheit scheint gefragt.

Grundsätzlich gilt: Eltern sind nicht für die jeweilige Lösung – z.B. wer wann welches Spielzeug verwenden darf – sondern für den Prozess zuständig: Sie achten auf faire Spielregeln, sorgen dafür, dass sich jedes Kind verstanden und ernst genommen fühlt und helfen ihren Kindern, Verhandlungen zu führen und eigenständig Lösungen zu finden. Es gilt, die Rolle des Schiedsrichters gegen die des Mediators einzutauschen. Schwierig?

Wie man dabei vorgehen kann, möchte ich an einigen Fallbeispielen illustrieren. Darüber hinaus haben Sie auch die Möglichkeit, effizientes Streitschlicht-Verhalten in unseren Seminaren zu lernen. Wie dem auch sei! Seien Sie so flexibel wie Ihre Kinder und lassen Sie sich Ihre gute Laune nicht verderben!

Richtig streiten
Oder: „Was Hänschen nicht lernt, lernt Hans nimmermehr!“

Man muss die Unfehlbarkeit dieser Aussage in Frage stellen – fest steht jedenfalls, dass wir Verhaltensmuster, die wir seit frühester Jugend einüben, nur schwer korrigieren können. Dazu gehört unser Verhalten im Konfliktfall.

Ob ein Kind scheu oder mutig, aggressiv oder defensiv in einen Konflikt hineingeht, hängt nicht nur von seinem persönlichen Temperament, sondern auch vom Vorbild der Eltern ab. Es kommt nicht nur darauf an, wie oft in der Familie gestritten wird, sondern vor allem auf die Art und Weise, wie Eltern ihre Konflikte austragen.

Unterschwellige Konflikte machen Angst und Schuldgefühle

Wenn Eltern peinlich Konflikte vermeiden, weil sich Streiten „nicht gehört“ oder weil sie selber (oder auch nur ein Elternteil) Angst vor Auseinandersetzungen haben, neigen sie häufig zu indirekter Aggression. Die Familienatmosphäre ist dann permanent mit Gewitterwolken verhangen, die dem Kind Angst machen – umso mehr, als es nicht verstehen kann, was hier „gespielt“ wird. Ängstlichkeit, Konfliktscheu, das Gefühl, mit ihm selber sei etwas nicht in Ordnung, sind die Folgen – nicht selten begleitet von psychosomatischen Symptomen wie Bettnässen, Alpträumen, etc.

Beleidigungen und Gewalt sind Gift für die Kinderseele

Der andere Extremfall wären Familien, in denen hemmungslos und aggressiv gestritten wird, die einander mit Vorwürfen und Beleidigungen bekämpfen und womöglich auch nicht vor körperlicher Gewalt zurückscheuen. Dies löst beim Kind Angst, Aggression und gestörtes Sozialverhalten aus.

Sicher ist es nicht anzuraten, jede Meinungsverschiedenheit unter Erwachsenen bedenkenlos im Beisein der Kinder auszutragen, es ist aber auch nicht nötig, jeden Konflikt vor ihnen zu verbergen. Wichtig ist, dass die Kinder einen offenen und achtungsvollen Umgang der Eltern miteinander erleben, dass es eine gewisse partnerschaftliche „Streitkultur“ gibt.

Partnerschaftliche Streitkultur vorleben!

Dazu gehört das Bemühen um gegenseitiges Verständnis und um für beide Seiten faire Lösungen – anstatt Machtkämpfe auszutragen, sei es durch Aggressionen, Intrigen oder Manipulationen. Kinder sollen erleben, dass die Eltern eigene Fehler einsehen können und auch bereit sind, Fehler des Partners zu verzeihen – und wie befriedigend es ist, Ansprüche durchzusetzen, wenn es uns gelungen ist, den anderen zu überzeugen – oder auch, ihn in seiner Andersartigkeit zu akzeptieren.

Wie das geht, haben Eltern oft selber weder gelernt, noch erfahren, und es bedarf auch einiger Übung. Selbst wer aus einem guten Elternhaus kommt, hatte oft wenig Gelegenheit, sich sein eigenes Konfliktverhalten bewusst zu machen und zu hinterfragen. Es kann daher eine sinnvolle Investition sein, Seminare zu besuchen, bei denen Eltern lernen, alte Verhaltensmuster abzulegen und durch erfolgreichere, bewusst gewählte Strategien zu ersetzen – denn lernen können wir ein Leben lang!

Familienzuwachs – vom Nesthäkchen zum großen Bruder

Die Geburt eines kleinen Geschwisterchens bedeutet besonders für das erste Kind eine enorme Umstellung und kann mit großen emotionalen Schwankungen verbunden sein: Freude, Stolz, Eifersucht, Wut, Trauer. Daher ist es wichtig, dass Eltern und auch andere Bezugspersonen (Großeltern, Kindergartenpädagogen, etc.) geduldig und verständnisvoll darauf reagieren und dem Kind helfen, mit der Enttäuschung, nicht mehr allein im Mittelpunkt der Familie zu stehen, umgehen zu lernen.

Die emotionale Herausforderung

Es ist wichtig, die Bedeutung des Ereignisses für das Kind nicht zu unterschätzen, es aber auch als natürliche und zumutbare Quelle der Frustration zu sehen. Sie bringen dem älteren Kind neue Freuden aber auch Einschränkungen, die bei guter Bewältigung neue Entwicklungsmöglichkeiten mit sich bringen.

Familienzuwachs erzeugt zwiespältige Gefühle

Kinder reagieren von Natur aus positiv auf Veränderungen. Freude und Neugier werden im Vordergrund stehen, aber auch gemischte Gefühle der Eifersucht stellen sich ein. Diese können in Form von Aggressionen nach außen treten (Schimpfen: „Ich mag das Baby nicht. Schickt es wieder zurück!“ oder körperliche Aggression: Schlagen, Beißen, etc.).

Rückschritte können sich einstellen

Das erste Kind wird verstärkt versuchen, die Aufmerksamkeit der Eltern auf sich zu ziehen durch bewusste oder unbewusste Reaktionen in Form von trotzigem, aufmüpfigem Benehmen oder aber auch durch kleine Rückschritte in der Entwicklung: Schwierigkeiten beim Einschlafen, nächtliches Aufwachen, Ängstlichkeit und Rückzug, Einnässen oder Einkoten, schulischer Leistungsabfall etc.

Warum Ermahnungen nicht nützen

Ermahnungen wie „Sei nicht so eifersüchtig/egoistisch/kindisch!“ bzw. „Du bist ja schon so groß!", „Du musst ja schon verstehen…!" oder gar Schimpfen, Strafen, Beschuldigen, Lächerlich machen nützen da gar nichts, sondern verstärken das Problem.

Gefühle kann man nicht rationalisieren

Keineswegs sollten Sie dramatisieren. Geduld und Einfühlungsvermögen sind angesagt. Es ist wichtig, dass das Kind alle seine Gefühle aussprechen darf – auch Wut, Ärger, Enttäuschung. Wenn Sie einfühlsam und aktiv zuhören und Ihr Kind sich angenommen fühlt, wird es bald erstaunlich „vernünftig" und einsichtig werden, und das unerwünschte Verhalten wird schnell wieder verschwinden. Gefühle kann man nicht rationalisieren und nicht verbieten. Wir müssen sie zulassen, annehmen und Kindern helfen, sie auszudrücken und gut damit umzugehen. Erleben Sie die Welt aus den Augen Ihres Kindes, ohne zu kritisieren oder zu bewerten. Lassen Sie es Ihre bedingungslose Liebe spüren mit der Grundbotschaft: „Ich mag dich, wie du bist, auch wenn du Probleme hast oder Probleme machst. Wir werden dir dabei helfen, sie zu überwinden."

Warum Beschwichtigungen nicht helfen

Kindliche Eifersucht möchte ich hier anhand eines konkreten Beispiels demonstrieren. Ein größeres Kind sagt zu seiner Mutter: „Ich bin böse auf dich, weil du meine Schwester geboren hast!." Die meisten Eltern reagieren mit Unverständnis, ungehalten („So etwas darf man doch nicht sagen!") oder beschwichtigend („Du bist doch schon so groß, du darfst doch nicht mehr eifersüchtig sein auf so ein liebes, kleines Ding!"). In beiden Fällen fühlt sich das Kind unverstanden und abgelehnt, weil es heraushört: „Es ist nicht OK, dass du fühlst wie du fühlst."

Andere Eltern wiederum reagieren mit übertriebener Anteilnahme und antworten entschuldigend, erklärend: „Deine Schwester ist nun einmal da. Wir müssen versuchen, mit ihr auszukommen." Aber auch mit Erklärungen oder Rechtfertigungen ist dem Kind nicht gedient. Es fühlt sich dabei genauso wenig verstanden, weil auch hier keine emotionale Annahme enthalten ist.

Eifersucht als Machtinstrument

Womöglich wird das Kind bald merken, dass es mit seinem Verhalten Macht ausüben kann und wird unbewusst beginnen, seine Eifersucht strategisch durch Erzeugung von Schuldgefühlen zu seinem Vorteil einzusetzen. Auf die eine und die andere Weise kann man, ohne es zu wissen und zu wollen, den Grundstein zu einer anhaltenden Rivalität zwischen den Geschwistern legen.

So vermitteln Sie emotionale Annahme

Mancher Leser wird jetzt vielleicht schon ungehalten sein. „Die Gefühle des Kindes annehmen. Wie geht das? Welches Kunststück muss ich denn da vollbringen?" Gar kein Kunststück! Sie brauchen die Gefühle, die Sie beim Kind vermuten, nur zu akzeptieren, zu „spiegeln", also wiederzugeben. Gewissermaßen wiederholen Sie, was Sie gehört haben – verstehend, freundlich, ohne eigene Bewertung; in etwa so: „Du bist wütend auf mich, weil ich dir eine Schwester geboren habe…" Lassen Sie die Stimme oben, als Einladung für das Kind, zu bestätigen, zu korrigieren und vor allem, um noch mehr von seinen Gefühlen auszudrücken. Es wird wahrscheinlich fortfahren, z.B.: „Du hast mich ja gar nicht mehr lieb!" Bitte jetzt keine Rechtfertigung, sondern wieder nur spiegeln: „Du hast also den Eindruck, dass dich die Mami nicht mehr lieb hat." Sie können eventuell freundlich, nicht vorwurfsvoll, nachfragen: „Wie kommst du denn darauf, dass ich dich nicht mehr lieb habe?" Ihr Kind wird sich schon so weit angenommen fühlen, um konkrete Hinweise zu geben, z.B.: „Seit meine Schwester auf der Welt ist, hast du gar keine Zeit mehr für mich!" Egal, ob das stimmt oder nicht, bitte noch etwas Geduld und keine Rechtfertigung!

Gefühlsstau auflösen

Bei so einem großen Gefühlsstau muss viel heraus, der ganze kindliche Groll muss jetzt „ausgespuckt" werden! Bleiben Sie also bei der Methode des Spiegelns und des aktiven Zuhörens, bis das Kind fertig ist und Sie den Seufzer der Erleichterung wahrnehmen. Welches Gefühl nehmen Sie bei Ihrem Kind wahr? Wahrscheinlich das Gefühl der Benachteiligung. Sagen Sie nicht Eifersucht, denn das klingt abwertend. Daher ist es gut, wenn Sie jetzt sagen: „Du fühlst dich benachteiligt, weil ich nicht mehr so viel Zeit für dich habe?" Vermutlich wird es antworten: „Ja, immer kümmerst du dich nur um meine kleine Schwester!" Jetzt sollten Sie Fakten anerkennen, damit sich Ihr Kind verstanden fühlt, aber ohne Ton der Rechtfertigung: „Ja, es stimmt, so ein kleines Baby nimmt sehr viel Zeit in Anspruch…" Jetzt erst können Sie Erklärungen geben, denn das Kind fühlt sich verstanden und der Gefühlsstau hat sich gelockert. Es ist nun fähig, Ihnen zuzuhören, Einsicht und Vernunft zu entwickeln.

Gehen Sie gemeinsam auf die Suche nach Lösungen. Vorschläge können von beiden Seiten eingebracht werden (z.B.: Während das Kleine schläft, werden Sie Ihrem älteren Kind Märchen vorlesen... – Es darf bei einigen Dingen mithelfen und seine Kompetenzen als großer Bruder/große Schwester unter Beweis stellen… – Der Papa/die Oma/der Opa werden ein bestimmtes Programm mit dem älteren Kind unternehmen…). Wer suchet, der findet! Vielleicht aber bedarf es gar keiner besonderen „Lösung". Ihr Kind wollte sich nur verstanden fühlen und ist somit in der Lage, sich an die veränderte Situation anzupassen.

Die natürliche Herausforderung

Auch wenn ich immer wieder nur raten kann, bei Familienzuwachs ganz besonderes Augenmerk auf das Wohlbefinden des älteren Kindes zu legen, so sollte als Botschaft klar beim Kind ankommen: „Ich kann dich verstehen, ich kann und will dir aber nicht alle Probleme abnehmen; ich traue dir zu, mit unserer Hilfe mit deinem Frust zurechtzukommen." Wie gesagt, es handelt sich um eine natürliche und zumutbare Herausforderung. Ihr Verständnis wird ausreichen, um diese Hürde zu meistern.

Der Streit um's Tuch – Konflikt-kultur

Michael (3) spielt gerade mit einem bunten Tuch. Als klein Emma danach greift, verteidigt er seinen Schatz und es kommt zu einem kleinen Gerangel. Emmas Mutter will Zank vermeiden und bietet ihrer Tochter ihr Tuch an: „Schau, da hast du!“ Der Streit ist gelöst und die Kinder spielen friedlich weiter.

Hier wurde eine schöne Gelegenheit verpasst, mit den jungen Kindern Konfliktkultur zu üben. Schon mit 15 Monaten kann Emma lernen, ihren Willen anders zu bekunden als durch Kreischen und Zerren. Die Mutter könnte ihr beibringen: „Wenn du etwas willst, dann klatsch in die Hände. Das heißt „bitte, bitte!“ Das kleine Zauberwort hat auch hier schon seine große Bedeutung. Das hätte Michael bestimmt motiviert, großzügig zu sein. Wenn nicht, hätte sich Emmas Mutter immer noch vermittelnd für ihre Tochter einsetzen und fragen können: „Michael, kannst du es Emma ein Weilchen borgen?“, um ihn danach für seine Freundlichkeit zu loben. Will er sich dennoch abgrenzen und seinen Schatz für sich behalten, ist es sein gutes Recht. Emmas Mutter kann ihre Tochter trösten und ihr beibringen, den Willen anderer Kinder zu respektieren – mit oder ohne Ersatzobjekt.

Nicht durch vorschnelles Eingreifen bevormunden

Charakteristisch für diese kleine Szene ist der Reflex vieler Erwachsener, die Probleme ihrer Kinder an ihrer Stelle zu lösen, um nur ja keinen Streit aufkommen zu lassen – vor allem in fremder Umgebung, wenn man auch um sein eigenes Image bangt. Viel wichtiger ist es jedoch, Kindern beizubringen, von klein auf für sich selber zu sprechen, sich auf faire Weise durchzusetzen, aber auch, die Grenzen anderer zu respektieren. Oft wird der Konflikt geradezu geschürt, indem man Kinder abwertet, wenn sie Nein sagen („Das ist aber nicht nett von dir“) oder sie zum Nachgeben zwingt („Du siehst doch, dass sie weint. Jetzt borg es ihr aber schnell!“).

Nichts spricht dagegen, Kinder ihre Konflikte selber austragen zu lassen und zu beobachten, ob sie unsere Hilfe überhaupt benötigen.

Wie Hund und Katz

Theo (15) und Sabine (13) sind wie Hund und Katz und streiten wegen jeder Kleinigkeit. Manchmal wird sogar um jeden Zentimeter auf der Sitzbank gekämpft. Dabei lassen es die Eltern nicht an Verständnis und Einfühlungsvermögen fehlen, damit sich nur ja niemand benachteiligt fühlt. Dem Vater reicht's! Die Herbstferien im Wohnmobil drohen ein Horror zu werden. Am liebsten ließe er die Kinder zu Hause. Andererseits: Was wäre ein Familienurlaub ohne Kinder? Nach kurzer Beratung sprechen die Eltern mit den Kindern ein ernstes Wort: „Wir möchten uns allen eine Freude machen, aber das geht nur, wenn ihr friedlich miteinander umgeht. Ihr habt noch drei Tage Zeit. Reißt euch zusammen! Wenn es ein echtes Problem gibt, sind wir da. Aber wir dulden kein Schimpfen und Zanken. Wenn es nicht klappt, bleibt einer zu Hause. Wenn wir schon unterwegs sind, wird er oder sie mit dem Zug heimgeschickt, zur Oma. Noch etwas: Wenn gezankt wird, entscheidet das Los. Wir wollen weder Richter spielen noch diskutieren."

Die Eltern dokumentieren, dass sie es ernst meinen. Alle Bahnrouten und Fahrpläne gehen mit auf die Reise. Sie muten den Kindern diese Härte zu. Sie müssen sich Tag für Tag neu bewähren. Resultat: Es wurde einer der schönsten Familienurlaub seit langem, der jedem zum Erlebnis wurde – auf kleinstem Raum. Sogar die Eltern sind überrascht.

Liebe, Strenge und Konsequenz

Manchmal hilft Strenge mehr als grenzenloses Verständnis, in dem Kinder ihre Eifersüchteleien und Kleinlichkeiten beinahe noch baden und kultivieren können. Theo und Sabine lernten, sich zu beherrschen. Oft bewahrt gerade ein gewisser Druck davor, sich in Negativität hineinzusteigern. Das Los scheint willkürlich, stellt aber eine gerechte Lösung dar. Wenn Eltern insgesamt ausreichend Verständnis und Zuwendung schenken, können Kinder eine gewisse Strenge sehr gut verkraften. Manchmal hilft sie ihnen geradezu, in diesem Alter Selbstbeherrschung und Disziplin zu erwerben. Das sind Tugenden, ohne die es kein erfolgreiches Leben gibt. Eines Tages werden Ihre Kinder es Ihnen danken.

Spielplatzkonflikte

Julia (3) und Florian (5) sind mit ihren Müttern und ihren Fahrrädern bzw. dem Dreiradler am Spielplatz. Die Mütter plaudern, die Kinder spielen, bis sich folgende Szene entwickelt: Florian braust mit seinem Fahrrad davon, Julia kann nicht mithalten und ruft verzweifelt: „Warte, warte!“, doch Florian schert sich nicht darum. Auch nicht, als sie schon weint.

Julias Mutter kommt ihrer Tochter zu Hilfe. Sie bremst Florian ein und pfaucht ihn an: „Jetzt bleib endlich stehen! Wie kannst du nur so stur sein!“ und befiehlt Rücksichtnahme. Florians Mutter hat sich herausgehalten, aber sie ärgert sich über den schroffen Ton der Freundin ihrem Sohn gegenüber und darüber, dass sie ihn nicht fahren lässt, wie er will. Seither meidet sie den Kontakt.

Grundlegende Frage

Eine harmlose Alltagsszene, die aber die grundlegende Frage aufwirft, wie wir uns verhalten sollen, wenn unsere Kinder Probleme haben. Schließlich lernen Kinder Konfliktverhalten an unserem Vorbild. Es ist verständlich und grundsätzlich OK, dass Julias Mutter die Interessen ihrer Tochter vertritt, aber es ist nicht egal, wie sie das macht. Wann und wie sollen wir einschreiten? Kinder schützen? Oder nicht?

Eine kurze Analyse: Durch autoritäre Maßnahmen kann man Kinder nicht zur Rücksichtnahme motivieren. Auch wenn Florian nachgibt, bleibt ein leiser Groll. Er hat ein Recht, zu fahren, wie er will. Es geht hier auch um das Thema Abgrenzung. Julia lernt zu schreien statt zu verhandeln und macht sich bei ihren Freunden unbeliebt, wenn sie bei jeder Kleinigkeit ihre Eltern zu Hilfe holt.

Interessant ist auch, wie rasch die Mütter diesen Konflikt zu ihrem gemacht haben, anstatt ihren Kindern bei dessen Beilegung behilflich zu sein.

Konflikthelfer für Kinder werden

Meine Empfehlung: Seien Sie Ihren Kindern Konflikthelfer statt Schiedsrichter! Selbst wenn Sie versuchen, objektiv zu sein, was bei Julias Mutter offensichtlich nicht der Fall ist, können Sie es nie jedem recht machen. Außerdem lernen Kinder nicht aus ihren Konflikten, wenn Eltern die Lösungen vorschlagen oder gar aufdrängen.

Statt Rücksichtnahme aufzuzwingen, hätte Julias Mutter in diesem konkreten Fall zwei Möglichkeiten gehabt: Sie hätte ihre Tochter zu sich holen und bei ihr Verständnis für Florian erwecken können: „Du ärgerst dich, weil der Florian nicht auf dich wartet. (Verständnis für die Gefühle ihrer Tochter durch aktives Zuhören zeigen); Anscheinend will er sich jetzt eine Weile austoben. (Erklärung, um Verständnis für den anderen zu erwecken); Sicher wird er später wieder mit dir spielen. (Hoffnung geben); Was möchtest du inzwischen tun?" (Lösung anregen, aber nicht „fertig servieren"). Die Reihenfolge (Verstehen, Klären, Lösen) ist ebenfalls entscheidend. Denn solange sich Julia nicht verstanden fühlt, wird sie für Erklärungen nicht zugänglich sein.

Die zweite Möglichkeit besteht darin, an Florians Rücksichtnahme zu appellieren, indem sie versucht, seinerseits Verständnis für Julias Gefühle zu wecken und beide Kinder zu ermutigen und zu unterstützen, Lösungen für ihr Problem zu finden. Etwa so: „Du, Florian, bleib mal kurz stehen!" (Aufmerksamkeit einholen) Dann: „Die Julia ist traurig, weil du nicht auf sie wartest. (Verständnis bei ihm für ihre Tochter erwecken) Sie will dich jetzt um etwas bitten." Sie erleichtert es ihrem Kind, für sich selber zu sprechen. Julia kann nun sagen, was sie stört und was sie will. Dadurch wächst ihr Selbstvertrauen und sie fühlt sich sowohl von ihrer Mutter emotional verstanden und unterstützt, als auch von Florian, dem es leichter gemacht wird, auf ihre Bedürfnisse einzugehen.

Wenn Florian sich trotzdem austoben und weiterfahren will, so gilt es, dies zu respektieren und zu akzeptieren. Statt ihn zu beleidigen („Du rücksichtsloser Kerl!") und womöglich zu drohen („Mit dir gehen wir nie wieder auf einen Spielplatz!") kann Julias Mutter positive Szenarien entwerfen und den Wunsch ihrer Tochter wiederholen: „Du möchtest dich jetzt also so richtig austoben und zeigen, wie schnell du fahren kannst. Aber komm bitte wieder, wenn du genug hast. Die Julia würde sich freuen, wenn du dann mit ihr fährst."

Ich bin ziemlich sicher, dass jedes Kind auf solche Art zu motivieren ist, Verständnis und Rücksichtnahme zu entwickeln und dass beide Seiten aus dem Vorfall lernen.

Die Kratzer im Gesicht

Beim letzten Streit wurde Sabrina (5) so wütend, dass sie Vincent (6) einen heftigen Kratzer ins Gesicht verpasste. Die Mutter weiß, dass Vincent selber manchmal grob werden kann und ist unsicher, ob sie das Mädchen zur Rede stellen soll. Sie tut es doch nach einigen Tagen und sagt freundlich: „Sabrina, du hast letztesmal dem Vincent ganz schön weh getan." Das Mädchen flüchtig: „Das ist nicht wahr!" und läuft davon. Irgendwie kommt sich Vincents Mutter frustriert vor, aber sie will keine Affäre daraus machen. Auch weiß sie, dass Vincent bei Sabrinas Mutter nicht besonders gut angeschrieben ist. Zum Glück ist Vincent weder wehleidig noch nachtragend. Daher erwähnt sie den Vorfall nicht mehr.

Möglicherweise hätten andere Eltern ganz anders reagiert und laut nach Gerechtigkeit gerufen. Zumindest könnte man von Eltern verlangen, dass sie ihren Kindern so die Nägel schneiden, dass sie niemanden damit verletzen können. Wenn sich Eltern durch Kritik an ihren Kindern selber betroffen fühlen, dann ergibt sich dabei leicht das weit verbreitete Spielchen „Mein Kind ist besser als deines!" Es ist schade, wenn sich aufgrund solcher Vorfälle feindliche Lager zwischen den Eltern bilden, statt sie als Gelegenheit zu sehen, Kindern Konfliktkultur beizubringen.

Haben Sie Mut zur Konfrontation

Es liegt am Erwachsenen, dafür zu sorgen, dass Sabrina sich nicht dem Gespräch entzieht: Vincents Mutter hätte sagen können: „Sabrina, bleib noch da, ich will mit dir reden!" Gegebenenfalls sollte sie das Mädchen sanft aber bestimmt zurückholen, ihr nachgehen oder bei einer nächsten Gelegenheit für ein offenes und freundliches Gespräch sorgen, womöglich im Beisein ihres Sohnes: „Erzähl mir, wie es dazu kam, dass Vincent diese Kratzer hat. Er sagte, das sei von dir“ (freundlich, aber bestimmt konfrontieren). Auf ihre Schilderung muss die Mutter verständnisvoll eingehen und dafür sorgen, dass sich das Mädchen nicht ins „böse Eck“ gedrängt fühlt. Gut ist es, wenn beiden Kindern einfühlsam zugehört wird, damit Verständnis füreinander wächst und ein ehrliches „Das tut mir leid“ möglich wird. Dann regt der Erwachsene dazu an, sich Gedanken darüber zu machen, wie ähnliche Situationen in Hinkunft vermieden werden können. Zuletzt bedankt sich Vincents Mutter bei Sabrina, dass sie dazu bereit war, dieses Gespräch zu führen und ermöglicht es ihrem Sohn, großzügig zu sein und zu betonen, dass er seiner Spielkameradin nicht mehr böse ist. Solche Gespräche dauern oft nicht länger als fünf Minuten, aber sie sind für beide Kinder sehr wichtig. Für Vincent ist es auch wichtig, zu wissen, dass seine Mutter nicht zulässt, dass ihm Unrecht geschieht, ohne seinen eigenen Anteil an Konflikten zu verniedlichen.

So lernen Kinder Einsicht und Versöhnung

Tagtäglich haben Eltern Gelegenheit, mit Kindern Konfliktsituationen aufzuarbeiten. Dabei geht es nicht darum, den „Bösen“ abzustempeln oder auszugrenzen, sondern darum, Kindern in einer freundlichen und nicht beschuldigenden Atmosphäre zu ermöglichen, zur Wahrheit zu stehen und Einsicht und Reue zu entwickeln. Gerade der jeweilige „Böse“ braucht Verständnis und die Möglichkeit, ohne Gesichtsverlust und Anfeindungen sein Unrecht zugeben und gegebenenfalls wieder gutmachen zu können. Nur so sind Kinder in der Lage, Einsicht zu zeigen, um Entschuldigung zu bitten und eine innere Motivation zur Besserung zu entwickeln und umzusetzen.

Die Zauberworte heißen Wahrheit, Verständnis, Vergebung und Versöhnung – wie in biblischen Zeiten. Sie haben auch heute und nicht nur bei Kindern ewige Gültigkeit.

Tinos kleine Gemeinheiten

Tino, knapp 5 Jahre, ist fasziniert von Ninas (9) Gameboy. Und er weiß, womit er seine Schwester ärgern kann: Er schmeißt ihn vom Hochbett hinunter und genießt ihre Empörung.

Der Vater schreitet ein: „Du kannst ihn doch nicht einfach hinunterschmeißen! Er kann kaputtgehen. Das geht nicht!" Tino grinst. Die väterlichen Vorwürfe prallen an ihm ab. Nina ist eine Sanfte. Sie weint und klagt und muss viel zu viel einstecken.

Wann ein elterliches Machtwort nötig ist

Wenn Worte keine Wirkung zeigen, sind Handlungen gefragt. Doch ist es besser, nicht mit einem Vorwurf zu beginnen. Versuchen Sie es mit einer sachlichen Beschreibung, damit Tino nicht gleich emotional blockiert: „Ich sehe, der Gameboy liegt da unten: Was ist passiert?" Nicht der Vater hat Erklärungsbedarf, sondern Tino! Daher folgt ein Geständnis: „Ich habe ihn hinuntergeschmissen." Der Vater kann Tinos Gefühle beschreiben, wieder ohne Vorwurf: „Manchmal macht es dir richtig Spaß, deine Schwester zu ärgern", und ihm das Leid Ninas vor Augen führen. Dann folgt eine klare Anweisung zur Wiedergutmachung: „Heb ihn auf und bring ihn ihr zurück!" Entschlossenheit ist angesagt. Das drückt sich in kurzen, klaren Sätzen aus. Es darf nichts anderes geschehen, bevor Tino nicht gefolgt hat. Wenn er mit Ausflüchten und Ablenkung kommt: („Ich muss aufs Klo!“) „30 Sekunden wird es wohl warten können!“ Formulieren Sie eine Konsequenz lieber positiv anstatt zu drohen: „Wenn du ihn aufgehoben und zurückgebracht hast, kannst du gehen!“ Bei diesem Machtkampf muss Tino klein beigeben und sich unterordnen. Das erfordert große Selbstüberwindung.

Im Guten beenden

Ist es geschehen, muss er deshalb gewürdigt werden, sonst entsteht innerer Groll. Tino soll sich in die Schranken gewiesen, nicht aber gedemütigt fühlen. Der Vater, schlicht: „Danke!“, dann entlässt er Tino aus der „Mangel“ und fügt freundlich hinzu: „Jetzt kannst du gehen!“, oder er nimmt ihn in die Arme: „Du bist Papas kleiner Schlingel. Komm her!“

Darüber hinaus sollten die Eltern prüfen: Welche Bedürfnisse hat Tino? Braucht er mehr Ventile, um sich auszutoben? Was läuft unterschwellig zwischen den Geschwistern? Muss Nina gestärkt werden? Eine ernste, freundliche Nachbesprechung mit Tino ist notwendig, um emotionale Entlastung und Einsicht zu fördern. Empfehlenswert ist auch eine „Familienkonferenz“ mit Nina, bei der beide Kinder ernst genommen werden und neue Vereinbarungen treffen können.

„Die hat mehr als ich!“

Jan (7) und Julia (5) sind stets eifersüchtig darauf bedacht, nicht zu kurz zu kommen: „Die hat neue Schuhe und ich nicht!“, „Der darf zu seinem Freund gehen und ich nicht!“, „Mit mir schimpfst du, wenn ich Mist mache und mit ihr nicht!“ Jedes Stück Torte wird zu einem Problem. Das Familienklima wird durch ständiges Nerven aufreibendes Geplänkel beeinträchtigt. Von geschwisterlicher Eintracht ist selten etwas zu spüren: Oft vermitteln Jan und Julia das Bild von Erzrivalen. So sehr sich die Eltern bemühen, sie sind stets in der Zwickmühle, es allen recht zu machen.

Sich nicht in den Karren kindlicher Rivalitäten einspannen lassen

So paradox es sich auch anmuten mag: Oft ist die Lösung das Problem! Wie ich das meine? Gerade weil diese Eltern sich so sehr bemühen, es allen recht zu machen, heizen sie den Konkurrenzkampf damit erst richtig an! Was ist hier zu tun? Eltern dürfen sich von ihren Kindern nicht in den Karren ihrer Rivalitäten einspannen lassen. Wo steht geschrieben, dass jedes Kind gleich viel haben muss? Nach dem Gießkannenprinzip? Dass man jedes Kind gleich behandeln muss? Dass Eltern immer gerecht sein müssen? Das ist ein Ding der Unmöglichkeit!

Absolute Gerechtigkeit gibt es nicht!

Wichtig ist das für Kinder spürbare Bemühen der Eltern um Gerechtigkeit, aber manchmal kann man Kindern ruhig sagen: „Das Leben ist nun mal ungerecht. Wenn du absolute Gerechtigkeit möchtest, musst du zum lieben Gott gehen. Ich schaffe das nicht!“ Oder: „Das Wetter ist auch nicht alle Tage gleich. So ist es auch bei mir: Einmal habe ich einen guten Tag, ein anderesmal bin ich nervös oder verärgert. Was mich heute stört, bemerke ich morgen vielleicht gar nicht. Daher reagiere ich auch nicht immer gleich."

Individuelle Bedürfnisse achten

Es kommt nicht darauf an, dass Sie Ihre Kinder gleich behandeln, sondern dass Sie individuell und wertschätzend auf sie reagieren und ihre Bedürfnisse und Gefühle ernst nehmen. Statt darüber zu streiten, wer mehr hat, sollte die Frage lauten: „Wie viel brauchst du? Jedes Kind darf sich nehmen, bis es satt ist." Dann erübrigt sich der Vergleich. Oder: „Mehr davon gibt es nicht: Einigt euch, wie ihr es aufteilen wollt!" Dann sind nicht die Eltern für die Lösung verantwortlich, sondern die Kinder selber. Die Eltern achten lediglich auf faire Spielregeln. Bei der Torte hat sich bewährt: Der eine teilt, der andere wählt.

Liebe und Gerechtigkeit

Im Bemühen, es allen Kindern recht zu machen, werden Eltern manchmal ganz schön vor den Karren geschwisterlicher Eifersucht gespannt und durch das unschuldige, aber geschickte Erzeugen von Schuldgefühlen von ihren Kindern manipuliert.

Sich nicht in den Karren geschwisterlicher Eifersucht spannen lassen

Wenn Sie aufhören, sich zu rechtfertigen und stattdessen auf die Gefühle Ihrer Kinder eingehen, schaffen Sie den Ausstieg aus dem Teufelskreis: Spüre die Not deines Kindes! Ist es frustriert, enttäuscht, fühlt es sich übergangen? Oder will es mich für seine Interessen gewinnen und Vorteile herausholen? Sind ihm Einwände und Notwendigkeiten egal?

Gleichwertig – aber nicht im Gießkannensystem

Lassen Sie Eifersüchteleien erst gar nicht aufkommen, indem Sie wertschätzend informieren: „Dein Bruder braucht wieder eine neue Hose, weil sie schon kaputt ist. Du aber hast gut auf deine aufgepasst. Ich kann nicht jedesmal eine Doppelgarnitur kaufen. Kannst du das einsehen? Fühlst du dich benachteiligt?“ Kindern ist es vor allem wichtig, nicht übergangen zu werden, und zu spüren, dass ihre Bemühungen und ihre Achtsamkeit nicht als Selbstverständlichkeit abgetan werden. Emotionen und Einwände müssen ernst genommen werden. Außerdem kann man Kinder schon früh in Problemlösungen einbeziehen und sie dadurch zur Kooperation ermutigen.

Nicht gleich sondern individuell behandeln

Auch bei der elterlichen Liebe und Aufmerksamkeit gibt es keine Gleichheit. So wie jedes Kind verschieden ist, so sind auch unsere Affinitäten und Reaktionen verschieden. Würdigen Sie die Individualität jedes Kindes: „Du bist meine liebe kleine Schmusekatze und du bist mein süßer kleiner Brausewind" (liebevoll charakterisieren, aber nicht abstempeln). Beschreiben Sie die Stärken des Kindes und geben Sie individuelle Aufgaben: Lassen Sie Ihren kleinen Egoisten teilen und anbieten, geben Sie der Schlampigen kleine Gelegenheiten, Ordnung zu machen. Sollten Sie ehrlich merken, dass Sie ein Kind bevorzugen, an einem anderen öfter herumhacken oder eine innerliche Abneigung empfinden, dann suchen Sie einen Berater auf, der Ihnen hilft, Ihre eigenen negativen Gefühle anzunehmen und so damit umzugehen, dass Sie keinen Schaden anrichten.

Großherzigkeit zumuten

Ihr Motto könnte lauten: „Ich will euch zu Fairness und Großzügigkeit und nicht zu kleinlichen Egoisten erziehen. Daher mute ich euch zu, dass ihr es aushaltet, wenn einer einmal einen Vorteil hat und der andere nicht, ohne vor Neid zu erblassen."

Kapitel 11

Beziehungen: Eltern und Großeltern

Es ist eine alte Weisheit: Das Glück der Kinder hängt vor allem davon ab, wie gut Mutter und Vater sich verstehen und gemeinsam für das Wohl der Familie sorgen. Es lohnt sich daher, sich mit Herz und Energie für die Partnerschaft zu engagieren. Dem eigenen Partner oder der Partnerin sollte man stets ein Maximum an Unterstützung, Verständnis, Rücksicht, Fairness und Toleranz entgegenbringen – ist es doch auch gerade er oder sie, welcher zuerst unsere kleineren und größeren Schwächen zu spüren bekommt und unsere Sorgen und Nöte mit uns teilt.

Eine gute Beziehung gedeiht nicht von allein. Beziehung will gepflegt sein, so wie auch Pflanzen regelmäßig gegossen werden müssen. Ich bin der Meinung, dass mindestens die Hälfte der Scheidungen zu vermeiden wäre, wenn die Menschen mehr Zeit und Achtsamkeit der Familie widmen und eine bessere Beziehungs- und Streitkultur lernen würden.

Wenn trotz allem eine Beziehung zerbricht, so ist es wichtig, im Guten auseinanderzugehen, und alle Kräfte einzusetzen, um eine gute oder zumindest passable Gesprächsbasis wieder herzustellen. Was auch immer an Kränkungen geschehen sein mag: Der ehemalige Partner oder Partnerin sollte immer als Mutter oder Vater meines Kindes gewürdigt werden, unabhängig davon, ob ich glaube, dass er oder sie es sich „verdient" haben mag. Wenn wir einander die Wertschätzung vorenthalten, belasten wir die Kinderseelen.

Auch Großeltern spielen eine wichtige Rolle im Leben von Kindern, und es erfordert Klugheit und ehrliches Bemühen, einen wertschätzenden und herzlichen Dialog zwischen den Generationen zu pflegen.

Der Schlüssel für jede gute Beziehung
ist eine klare Kommunikation und
der Respekt vor der Persönlichkeit und Individualität des anderen.

Thomas Gordon

Wo Menschen zusammenleben, wird es immer Situationen geben, die bei uns Gefühle von Vernachlässigung, Frustration und Kränkung hervorrufen. Statt egozentrisch nur auf die eigenen Wunden zu schauen, lohnt es sich immer auch, zu prüfen, was mein eigenes Tun oder Unterlassen beim anderen auslöst und Verständnis auch für die andere Seite aufzubringen. Je näher wir einander sind, umso mehr Stolpersteine bietet der Alltag, einander zu verletzen. Das liegt in der Natur der Dinge. Wer nicht verzeihen kann oder will, wird über kurz oder lang verbittern – und immer weniger das Glück finden, um das er so vehement kämpft.

Seien wir uns immer dessen bewusst, dass Kinder Kommunikations- und Konfliktkultur vor allem an unserem gelebten Beispiel lernen.

Die geschlossene Front

Kindererziehung war zu allen Zeiten eine große Herausforderung für Eltern und ist leichter zu bewältigen, wenn Vater und Mutter harmonieren und ihre Bemühungen und Maßnahmen aufeinander abstimmen. Wenn es in wichtigen Dingen unterschiedliche Auffassungen oder Wertehaltungen gibt, so ist es gut, die Dinge unter vier Augen oder im Beisein eines Beraters abzuklären, um dem Kind gegenüber eine einheitliche Einstellung oder Entscheidung zu vertreten.

Einander nicht in den Rücken fallen

Auch wenn Sie mit einzelnen Entscheidungen Ihres Partners/Ihrer Partnerin nicht immer einverstanden sind, so ist es gut, ihm/ihr nicht „in den Rücken zu fallen". Wenn beispielsweise der Vater den Kinobesuch untersagt hat, dann wäre es unfair, wenn die Mutter das wüsste und trotzdem antwortet: „Geh nur ruhig!" Das Kind würde mit großer Wahrscheinlichkeit die Uneinigkeit der Eltern ausnützen, um eigene Vorteile daraus zu ziehen oder sie gegeneinander auszuspielen. Im Zweifelsfall empfiehlt sich, nachzufragen: „Hast du deinen Vater schon gefragt? Was sagt denn er dazu?"

Vorsicht: Einmischung!

Mischen Sie sich auch nicht in jeden Konflikt ein, den Ihr Kind mit Ihrem Partner hat. Die beiden sollen ihn auf ihre Weise lösen. Wenn Sie tatsächlich Handlungsbedarf sehen, so fragen Sie um Erlaubnis oder begründen Sie zumindest Ihr Einschreiten.

Sonst wird der Konflikt mit dem Kind zu einem Konflikt in der Partnerschaft. Denn nur allzu leicht wird Ihre Intervention als Mangel an Wertschätzung erlebt und untergräbt die elterliche Autorität Ihres Partners/Ihrer Partnerin.

Meinungsverschiedenheiten offen und fair austragen

Ganz anders ist es, wenn Eltern ihre Meinungsverschiedenheit offen und fair vor dem Kind austragen und die Argumente für oder gegen den Kinobesuch abwägen, womöglich gemeinsam mit dem Kind/Jugendlichen. So erlebt es am Beispiel der Eltern, wie man mit Meinungsverschiedenheiten konstruktiv umgehen kann.

Unterschiedliche Persönlichkeiten, unterschiedliche Tagesverfassung

Das Kind kann und soll auch ruhig erleben, dass Vater und Mutter unterschiedliche Persönlichkeiten sind, dass beispielsweise den Einen laute Musik, die Andere vor allem herumliegende Wäsche stört. Was mich heute irritiert, habe ich gestern womöglich gar nicht bemerkt. Es kann durchaus auch von einem Tag zum anderen variieren, je nach momentaner Befindlichkeit: Gestern war ich entspannt, heute jedoch habe ich Kopfschmerzen oder muss mich auf eine wichtige Arbeit konzentrieren. Eltern müssen sich nicht rechtfertigen, aber sie sollten es erklären und vielleicht auch um Verständnis bitten.

Einheitliche Vorgaben um jeden Preis können zu verkrampften Bemühungen führen. Die Bildung einer „geschlossenen Front" ist auch nicht notwendig. Sie ist anstrengend und wird vom Kind meist als bedrohlich und unfair erlebt. Allerdings sollte Ihr Verhalten für das Kind verständlich und berechenbar sein und eine konsequente Linie erkennen lassen.

„Lass ihn doch!“

Der 6-jährige Jakob liebt es über alles, Gameboy zu spielen. Stundenlang könnte er sich damit beschäftigen. Der Vater erlaubt es, mit einer Einschränkung: Maximal eine halbe Stunde pro Tag. Jakob hat diese Regel akzeptiert. Als der Vater nach der vereinbarten Zeit das Spielzeug einmahnt, meint die Mutter: „Lass ihn doch!“

Wenn Eltern uneinig sind

Andere Szene. Kind zur Mutter: „Darf ich die Leberkäsesemmel essen?“ Mutter: „Nein, der Arzt hat es verboten, wegen deiner Allergie!“ Vater: „Aber iss doch ruhig!“ Wenn hier die Eltern einander in den Rücken fallen, besteht eine dreifache Gefahr: Für die Gesundheit, für die Erziehung und für die Partnerschaft.

Vater zur 15-jährigen Nina: „Du darfst heute nicht weggehen, weil du letztesmal eine Stunde Verspätung hattest!“ Mutter: „Du wirst ihr doch nicht den Spaß verderben!“ Ein anderesmal wurde der gestrenge Vater einfach hintergangen und vor vollendete Tatsachen gestellt.

Den Partner respektieren

Heutzutage ist es schwieriger denn je, Kindern Grenzen zu vermitteln. Welche Grenze wann sinnvoll ist, ist oft Ansichtssache. Manche Eltern verfolgen eine weichere, andere eine strengere Linie. Wichtig aber ist nicht nur, dass sie eine Linie verfolgen, sondern auch, dass sie Entscheidungen des anderen akzeptieren – oder fair und offen darüber verhandeln. Sonst lernen Kinder rasch, die Eltern gegeneinander auszuspielen. Kinder sollten auch nicht der Spielball elterlicher Konkurrenz und Machtkämpfe sein.

Die Wichtigkeit von Grenzen

Jakob wird keinen Schaden nehmen, wenn er sein Spiel einschränkt, auch Nina nicht, wenn sie eine Party versäumt. Wenn jedoch die Ausnahme zur Regel wird und Kinder den Respekt verlieren, wird Erziehung mühsam und Grenzen werden eines Tages auch dann übertreten, wenn viel auf dem Spiel steht – vielleicht sogar die Zukunft des Kindes.

„Warte, bis der Papa kommt!“

Ich lade Sie ein, diese klischeehafte Aussage einer genaueren Betrachtung zu unterziehen – wohl wissend, dass die meisten modernen, selbstbewussten Mütter eine solche Drohung kaum mehr aussprechen werden – ebenso wie es Gott sei Dank immer weniger Väter gibt, die mangels Alternativen versuchen, ihre Autorität mit Gewalt durchzusetzen.

Es gibt Tage, da sind Kinder besonders anstrengend – eigenartigerweise meistens dann, wenn es uns selber nicht sehr gut geht und wir gereizt sind. Gerade dann wollen sie nicht tun, was wir von ihnen erwarten. Wir fühlen uns überfordert, schimpfen, und wenn das auch nichts nützt, fällt mancher Mutter nur noch ein, zu drohen: „Warte, bis der Papa kommt!“ In früheren Zeiten oder solange das Kind noch klein war, mag das noch gewirkt haben – aber um welchen Preis!

Untergraben Sie weder die eigene Autorität noch das Image des Partners!

Wenn Sie drohen, untergraben Sie damit nicht nur Ihre eigene Autorität (die Kinder denken: „Mama kann sich ohnehin nicht durchsetzen, mit ihr können wir machen, was wir wollen“), sondern vor allem das Image des Vaters, der somit zum „Buh-Mann“ abgestempelt wird. Die Beziehung zwischen Vater und Kind wird geschädigt, denn sie wird von Angst und Vertrauensmangel überschattet. Wenn Ihr Partner nach Hause kommt, versetzen Sie ihn in eine unangenehme Situation. Er soll Richter und Vollstrecker in einem Konflikt sein, an dem er gar nicht beteiligt war.

Was kann ein Vater in einer solchen Situation tun? Er kann die überforderte Mutter sehr wohl unterstützen, ohne aber die Richterrolle anzunehmen. Er kann sich von beiden Seiten erzählen lassen, was denn wirklich vorgefallen war, Verständnis zeigen, vielleicht auch mahnende Worte aussprechen. Kraft seiner Autorität kann er auf Familienregeln und Werte verweisen und die Rolle des Mediators, des Konflikthelfers, aber nicht des Schiedsrichters einnehmen. Das Problem aber muss von der Frau selber gelöst werden. Der Vater kann ihr dabei den Rücken stärken: „Hör auf deine Mutter!“ Vor allem aber sollten die Eltern einander seelisch entlasten – durch ein verständnisvolles Gespräch unter vier Augen.

Wenn Eltern einander nicht ehren

Familie Mayer hat drei erwachsene Söhne, die nicht erwachsen werden wollen. Sie leben ein fröhliches Studentenleben und kommen nicht recht voran. Nach dem Studienerfolg gefragt, weichen sie aus: Das gehe die Eltern nichts an. Aber sie stellen Ansprüche – im Hotel Mama.

Wenn es um das Zusammenhelfen geht, fühlt sich keiner zuständig.

Verschiedenartigkeit kann eine Bereicherung sein

Die Mutter ist verständnisvoll, fürsorglich und weich, der Vater tüchtig, sachlich und streng. An sich eine gute Ergänzung, wenn man einander respektiert und die gemeinsame Linie findet. Doch daran scheitert es. Wenn der Vater die Söhne zur Rechenschaft zieht, nimmt die Mutter sie in Schutz und beschwichtigt. Statt einander zu würdigen, kritisieren und untergraben die Eltern einander.

Die Mutter hat Erziehungsarbeit zum Monopol gemacht und so manches verharmlost und verheimlicht. Er hat resigniert und sich abgewendet: „Dann mach doch!“ – um jedoch mit Kritik nicht zu sparen. Ergreift er einmal das Wort, redet sie hinein. Kein Wunder, dass ihre Beziehung kriselt.

Kinder zwischen zwei Stühlen

Bei diesem Spiel verlieren alle: Die Mutter ist für alles zuständig und überfordert und erntet nicht etwa Dank von den Söhnen. Sie empfinden sie als hilflos und schwach. Ihre frommen Reden werden nicht ernst genommen.

Der Vater wird nicht geehrt und empfindet sich im Abseits. Den Söhnen fehlt es an Disziplin und Durchhaltevermögen – keine guten Voraussetzungen für den Start ins Leben. Langsam merken sie, dass sie am Karriereweg hinter den anderen liegen. Das nagt am Selbstbewusstsein.

Gemeinsame Linie statt Rivalität

Die Eltern müssen einander zuhören, ernst nehmen und unterstützen. Sie können sich durchaus in ihrer Andersartigkeit einbringen: Es ist OK, dass die Mutter mütterlich weich und der Vater väterlich streng ist – vorausgesetzt, sie akzeptieren und ergänzen einander. So lernen auch Kinder ganz selbstverständlich, ihre Eltern zu achten und zu respektieren. Die Verschiedenartigkeit der Bezugspersonen stellt eine Bereicherung für die Kinder dar, wenn sie nicht in Rivalität ausartet. Elternkonflikte müssen in Fairness und Wertschätzung ausgetragen werden, manches besser unter vier Augen.

Elternbildung und Beratung können helfen, unterschiedliche Standpunkte auszudiskutieren und eine gemeinsame Linie zu finden. Das mag mühsam sein, doch das Ergebnis bringt der ganzen Familie Segen.

Noch etwas: Kein Individuum und keine Familie ist perfekt. Daher ist es unerlässlich, einander immer wieder die Hand zur Versöhnung zu reichen und einen Neubeginn zu wagen. Beziehungen leben von diesem täglichen, lebendigen Austausch.

„Bin ich denn gar niemand?“

Das fragt der Papa, als seine 3-jährige Katja bei Mamas Abschied weint und er den Abend allein mit seiner Tochter verbringen soll. Katja antwortet nicht auf diese Frage, sondern vergräbt ihr Gesicht in Mamas Schoß, bis diese sich sanft loslöst und sagt: „Gute Nacht, Katja, ich muss jetzt gehen. Ich wünsche dir einen schönen Abend mit Papa und eine gute Nacht! Morgen früh, wenn du aufwachst, bin ich wieder bei dir.“

Meiden Sie emotionale Zwickmühlen

Der Vater ist traurig, weil er sich genauso viel Zuwendung und Zuneigung von seiner Tochter wünscht wie seine Gattin. Seine Gefühle sind verständlich, doch seine Formulierung ist problematisch. Das Kind ist damit überfordert. Wie soll es darauf antworten? Was auch immer Katja sagt, die Antwort ist falsch. Sie spürt die emotionale Zwickmühle und antwortet gar nicht. Der Vater ist enttäuscht, macht ihr womöglich noch Vorwürfe.

Auf solche Weise kann der Grundstein für eine problematische Vater-Kind-Beziehung gelegt werden. Denn mit dem Satz „Bin ich denn gar niemand?“ überträgt der Vater, ohne es zu beabsichtigen, die Verantwortung für seine eigenen Gefühle an seine Tochter. Er erzeugt Schuldgefühle und Ambivalenzen. Auch ein Erwachsener wüsste kaum, wie auf diese Frage konstruktiv zu reagieren sei. Die Verantwortung für unsere Gefühle tragen wir immer selber. Sie auf diese Weise jemand anderem überzustülpen ist ein manipulierender Vorgang.

Nicht der direkte, sondern der indirekte Ausdruck der Gefühle überfordert Kinder

Sollen wir denn überhaupt unsere Gefühle anderen mitteilen, wenn das alles so kompliziert ist? Ist es nicht besser, sich zurückzuhalten und so sparsam wie möglich damit umzugehen? Im Gegenteil: Die Beziehung wird herzlicher, die Kinder werden fröhlicher und selbstbewusster, wenn Erwachsene mit ihnen offen über ihre Gefühle sprechen können. Nicht der direkte Ausdruck der Gefühle schadet, sondern der indirekte. Nur leider haben viele Menschen nicht gelernt, ihre Gefühle auszudrücken, weil die eigenen Eltern es damals nicht zuließen. Die Angst, nicht geliebt, bloßgestellt, lächerlich gemacht zu werden, ist bei manchen Menschen tief eingeprägt und verantwortlich für ihren emotionalen Rückzug oder ihre manipulierenden Strategien, deren sie sich meist selbst nicht bewusst sind.

Verständnis für Gefühle zeigen

Zunächst wäre es gut, wenn der Vater einsehen könnte, dass seine Tochter ein Recht darauf hat, ihre Gefühle auszudrücken. Dass der Abschiedsschmerz von der Mutter nicht bedeuten muss, dass sie ihn weniger lieb hat, auch wenn in den ersten Jahren die Mutter-Kind-Beziehung meist die engere und intensivere ist. Keineswegs aber sollte der Vater direkt oder indirekt einen Vorwurf daraus machen. Er könnte Verständnis zeigen und offen um die Zuneigung seiner Tochter werben: „Ich kann verstehen, dass du traurig bist, wenn die Mama geht. Aber ich hab dich doch auch lieb und wir beide können uns einen schönen Abend machen. Was möchtest du denn gerne spielen?“ Er könnte sie einfach auch schweigend und zärtlich in den Arm nehmen, bis sie sich beruhigt hat.

„Sag ihr, sie soll…“

„Sag ihr, sie soll endlich Ruhe geben!“, „Sag ihm, er soll das Radio leiser drehen!“ Hören Sie solche Sätze manchmal von Ihrem Partner oder Partnerin oder versuchen Sie selber, Ihre Probleme gelegentlich auf solche oder ähnliche Weise zu lösen? Hinter einer scheinbar so harmlosen Bitte stecken in Wirklichkeit oft vielschichtige Verhaltensmuster. Heißt das, Sie wollen sich heraushalten? Sich die Hände „nicht schmutzig“ machen? Scheuen Sie Konflikte? Zweifeln Sie an Ihrer Durchsetzungsfähigkeit? Halten Sie andere für kompetenter?

Erziehung geht beide Elternteile etwas an

Wenn Männer diesen Satz zu ihrer Partnerin sagen, so bedeutet er meistens, dass sie sich mit der Erziehung ihrer Kinder nicht „belasten“ wollen. Reagieren diese nicht wunschgemäß, so brauchen sie sich nicht selber mit ihnen auseinandersetzen, sondern können die Verantwortung abschieben und gegebenenfalls ihrer Partnerin auch noch Unfähigkeit vorwerfen. Manchen Frauen ist es sogar lieber, wenn „er“ sich nicht „dreinmischt“– weil sie begründet oder unbegründet fürchten, dass er über's Ziel schießt, sei es mit verbalen Attacken oder gar mit der Faust.

Vielleicht führt sie auch gerne das Regiment und lässt ihn spüren, dass sie sich für den besseren Elternteil hält. Sie „schluckt“ lieber, kann es sich aber bei aller „Opferbereitschaft“ nicht verkneifen, gelegentlich bissige Bemerkungen zu machen. Wenn Mütter oder Väter ihre Kinder vor dem anderen Elternteil in falscher Weise „schützen“, entstehen versteckte und explosive Situationen, die sowohl die Kinder, als auch die Partnerschaft belasten. Unstimmigkeiten in Erziehungsfra-

gen sollten offen und nicht auf dem Rücken der Kinder ausgetragen werden. Wenn das nicht gelingt, kann ein außenstehender Experte schon in wenigen Sitzungen eine positive Trendwende einleiten und somit viele Komplikationen vermeiden helfen.

Wie Eltern einander unterstützen können

Eltern steigen im Ansehen der Kinder, wenn sie sich konkret, verständnisvoll und vor allem höchstpersönlich mit ihnen auseinandersetzen, weil sie sich dadurch auch ernst genommen fühlen. Wenn Ihr Partner/Ihre Partnerin dabei Schwierigkeiten hat, so ist es legitim, ihn/sie dabei zu unterstützen, nicht aber, ihm/ihr das Problem abzunehmen, z.B. „Du, Susi, der Papa will dir etwas sagen. Hör ihm bitte gut zu!“ Jeder von uns hat Stärken und Schwächen, auch als Erzieher.

Die wohlwollende, aber nicht bevormundende Unterstützung des Partners bedeutet nicht nur Hilfe, sondern auch ein Zeichen von Wertschätzung. Auf diese Weise können Eltern ihre Beziehung festigen und voneinander lernen.

Enkel und Großeltern

Gestörte Beziehungen und unaufgearbeitete Kindheitserlebnisse führen oft dazu, dass manche Eltern den Kontakt zwischen ihren Kindern und den Großeltern stark einschränken oder gar unterbinden. Solche Konflikte gehen zu Lasten der Kinder, denn die Beziehung zu Oma und Opa ist an sich eine grundlegende Bereicherung und im Idealfall eine Entlastung für die Eltern.

Abgrenzen und Loslassen ist gefragt

Damit die Beziehung zwischen den Generationen gelingt, ist es wichtig, dass Großeltern loslassen und akzeptieren, sich nicht in das Leben ihrer erwachsenen Kinder einzumischen.

Auch wenn Sie nicht immer mit dem Erziehungsstil ihrer Kinder einverstanden sind: Die Eltern tragen dafür die Verantwortung und daher sollten die Großeltern deren Vorstellungen respektieren.

Erfahrungsschatz der älteren Generation würdigen

Meinungsverschiedenheiten gehören ausdiskutiert – wie unter Gleichberechtigten, mit Verständnis und Wertschätzung. Kindlicher Gehorsam kann von erwachsenen Kindern nicht mehr eingefordert werden. Allerdings sind junge Eltern gut beraten, die Ansichten und den Erfahrungsschatz der älteren Generation zu würdigen und gelegentlich darauf zu hören, weil er oft mehr Weisheit enthält als so mancher pädagogischer Modetrend.

Unterschiede können bereichern

Großeltern sind oft lockerer, nachgiebiger und verwöhnender als Eltern – oder gerade umgekehrt. Da ist faires Abgrenzen gefragt, um sinnlose Streitereien zu vermeiden. Kinder können ganz gut akzeptieren, dass es bei Oma und Opa andere Regeln gibt als zu Hause. Womit sie überfordert sind, ist, wenn unterschwellig um ihre Gunst gebuhlt wird und Vorwürfe und Manipulationen einen offenen oder heimlichen Machtkampf verraten.

Auch wenn es manchmal Überwindung und „Beziehungsarbeit“ kostet: Der gute Kontakt zwischen den Generationen kommt letztlich allen zugute.

Generationenkonflikt

Eine junge Mutter mit zwei kleinen Kindern an der Hand und einem Baby im Tragtuch wird beim Einsteigen in die U-Bahn von einer alten Dame gestoßen. Mutter, scharf: „Wenn Sie meine Kinder niederrempeln, könnten Sie sich wenigstens entschuldigen!"

Alte Dame: „Das ist nicht wahr! – Und wie reden Sie mit mir!" Mutter: „Wenn Sie nicht mehr merken, was Sie anrichten, sollten Sie nicht mehr frei herumlaufen!" Zu den verdutzt schweigenden Kindern: „Manchmal glauben die Alten, sie können sich alles erlauben, nur weil sie alt sind!" Der Dialog eskaliert, bis die alte Dame frustriert und konsterniert schweigt.

Ich kann die junge Frau verstehen: Sie will ihre Kinder schützen. Ich kann die alte Dame verstehen: „Wenn mir einer befiehlt, mich zu entschuldigen, regt sich in mir nicht die Einsicht, sondern der Widerstand. Wie komme ich dazu, mich anschnauzen zu lassen, selbst wenn ich ungeschickt war?" Wahrscheinlich hat die alte Dame nicht in böser Absicht gehandelt hat, vielleicht hat sie die Situation nicht einmal bemerkt. Offenbar ist den Kindern, Gott sei Dank, auch nichts passiert. Wie kommt sie dazu, sich beleidigen zu lassen?

Meiner Meinung nach gilt hier, wie so oft, der Grundsatz: Der Ton macht die Musik! Wahrscheinlich hätte diese Mutter mehr erreicht, hätte sie freundlich gesagt: „Entschuldigen Sie! Sie haben es vielleicht gar nicht gemerkt: Aber Sie hätten beinahe meine Kinder niedergestoßen!" Ganz sicher hätte die Antwort gelautet: „Oh! Das tut mir leid!"

Ist es nicht besser, wir reagieren in einer Weise, die dem anderen die Chance lässt, ohne Gesichtsverlust Fehler oder Unrecht einzugestehen? Und den Respekt zwischen den Generationen zu wahren? Schließlich sind wir auch Vorbild für unsere eigenen Kinder! Wie werden sie einmal mit uns umgehen?

Ob wir wahrhaft friedfertig sind, zeigt sich in der Art und Weise, wie wir reagieren, wenn wir glauben, dass uns Unrecht geschieht.

Ehret das Alter?

Es ist nicht mehr selbstverständlich, dass das Alter an sich geehrt wird. Die heutigen Eltern und Großeltern müssen es sich gefallen lassen, dass ihre Ansichten und ihr Tun hinterfragt und kritisiert werden. Ich denke, das hat seine Berechtigung. Alter soll keinen Freibrief für Rechthaberei, Starrsinn, schlechte Laune oder gar Machtmissbrauch darstellen.

Die junge Generation braucht die Ermutigung und das Verständnis, das Ernst genommen werden und das Loslassen der älteren Generation, um ihren eigenen Weg gehen zu können – keine ewigen Besserwisser.

Dennoch steht fest, dass die ältere Generation mehr Lebenserfahrung hat als die jüngere und dass in Traditionen oft viel Lebensweisheit steckt. Wir tun gut daran, auf die Älteren zu hören, Mahnungen und Ratschläge ernst zu nehmen und zu prüfen. Oft erkennen das die Jüngeren erst viele Jahre später, wenn sie selber mit bestimmten Erfahrungen oder Schwierigkeiten im Leben konfrontiert werden, worüber sie als Junge nur gelächelt, gespottet oder wogegen sie gar vehement angekämpft haben.

In der natürlichen Auseinandersetzung zwischen den Generationen sollte es daher niemals an Wertschätzung und am guten Ton fehlen. Eine Frage sollten wir uns immer stellen: Möchte ich eines Tages von meinen Kindern und Enkelkindern so behandelt werden, wie ich mich heute meinen Eltern, Schwiegereltern und ganz allgemein der älteren Generation gegenüber verhalte?

Eine Gesellschaft ohne Achtung vor dem Alter lebt eine gefährliche Entwicklung – vielleicht werden wir einmal selber erfahren, wie es ist, abgeschoben, lächerlich gemacht oder gar entmündigt zu werden.

Es liegt in unserer Verantwortung, der jüngeren Generation Altwerden in Würde vorzuleben und uns nicht geistig, seelisch und körperlich gehen zu lassen – auch im Interesse der eigenen Lebensqualität.

Drei Dinge sind uns aus dem Paradies geblieben:
Sterne, Blumen und Kinder.

Dante Alighieri

Kapitel 12

Zum Abschluss

Vielleicht sind Ihnen beim Lesen meiner Texte einige Ihrer Schwächen bewusster geworden. Vor allem aber wünsche ich, dass Sie auch Ihre ganz persönlichen Stärken besser erkennen konnten.

So wie Kinder Lob und Anerkennung brauchen, so ist es auch bei uns Erwachsenen. Daher empfehle ich, dass Sie mit gutem Beispiel voran gehen und Sie Ihr Augenmerk auf die persönlichen Qualitäten und das Bemühen Ihrer Angehörigen, vor allem Ihres Partners, lenken und Sie auch Ihre Kinder anregen, Wertschätzung und Dankbarkeit auszudrücken. Denn das soll nicht nur für den Muttertag oder Vatertag reserviert sein, sondern schöner Bestandteil der täglichen Familienkultur werden.

Drei Schritte empfehle ich für ein glückliches Familienleben, und ich gratuliere Ihnen: Den ersten haben Sie bereits getan!

1. Buch & CD
2. Eltern-Coaching: Die persönliche, auf Ihre Bedürfnisse abgestimmte Beratung.
3. ABC-Elternführerschein®:
Dieses Seminar will Eltern und Großeltern helfen, den Schritt von der Theorie in die Praxis sicher und kompetent umzusetzen.

Ich bedanke mich für Ihre Aufmerksamkeit, für Ihren Einsatz und für Ihre Bereitschaft, alles zu tun, damit Ihr Familienleben gelingt und Ihre Kinder glücklich und erfolgreich werden – willens und fähig, eines Tages Verantwortung für sich selbst und andere zu übernehmen.

Mit herzlichen Grüßen,

Ihre

M. Neuberger-Schmidt